일삶구원

IVP(InterVarsity Press)는
캠퍼스와 세상 속의 하나님 나라 운동을 지향하는
IVF(InterVarsity Christian Fellowship)의 출판부로서
생각하는 그리스도인을 위한 문서 운동을 실천합니다.

Copyright © 2010 by R. Paul Stevens and Alvin Ung
Originally published in English under the title
Taking Your Soul to Work by R. Paul Stevens and Alvin Ung
Published by Wm. B. Eerdmans Publishing Co.
2140 Oak Industrial Drive NE, Grand Rapids, Michigan 49505, U. S. A.
All rights reserved.

This Korean edition is translated and used by permission of
Wm. B. Eerdmans Publishing Co.
through arrangement of rMaeng2, Seoul, Republic of Korea.

Korean Copyright © Korea InterVarsity Press 2011
156-10 Donggyo-Ro, Mapo-Gu, Seoul 04031, Korea

일삶구원

폴 스티븐스·앨빈 웅 | 김은홍 옮김

차례
TAKING YOUR SOUL TO WORK

추천의 글_ 유진 피터슨   7
머리글   10

1부 영혼을 갉아먹는 일터의 아홉 가지 죄악   23

1. 자만: 하나님과 동등해지려는 욕심   27
2. 탐욕: 더 많이 가지려는 욕구   35
3. 음욕: 음란한 일터   41
4. 탐식: 과도한 음식 섭취   49
5. 분노: 통제하려는 욕망   56
6. 나태: 병적인 분주함   64
7. 질투: 남이 잘되는 것을 괴로워 함   72
8. 동요: 달아나고 싶은 충동   79
9. 권태: 일터에서 점점 죽어감   86

2부 일터 영성을 되살리는 아홉 가지 자원   95

10. 기쁨: 일터에서의 만족 그 이상   98
11. 양선: 의식하지 않는 베풂   104
12. 사랑: 주고받을 수 있는 가장 위대한 것   112
13. 절제: 일과 삶의 충돌 해결하기   120
14. 온유: 부드러움의 힘   128
15. 충실: 일터에서의 신실함   136
16. 친절: 다른 사람의 마음을 편하게 해줌   143
17. 인내: 지금 있는 곳에서 소망함 갖기   150
18. 평화: 완전과 조화   156

3부 일터 영성의 아홉 가지 열매   165

19. 쉼 없는 기도   167
20. 끊임없는 감사   173
21. 아름다운 순전함   180
22. 즐거운 내려놓음   185
23. 내어 맡긴 만족   191
24. 생명을 주는 리듬   198
25. 이웃 사랑   205
26. 소명에 대한 확신   210
27. 마음을 천국에 둠   215

에필로그   223
주   229
참고 문헌   240
인명 색인   251
성구 색인   253

추천의 글

기독교 공동체에서 쓰는 말 가운데 가장 불쾌하고 영혼을 해치는 말이 있다면 '풀타임 기독교 사역'일 것이다. 이 말을 사용할 때마다 우리가 기도하는 방식과 일하는 방식, 예배하는 방식과 생계를 꾸리는 방식 사이에는 오해의 쐐기가 박힌다. 종교개혁의 업적 중 하나는 성직자와 평신도 사이의 지위고하를 없앤 것이었다. 목사와 정육점 주인이, 주부와 복음전도자가 십자가 앞에서 동등한 지위를 갖게 되었다. 하지만 언제부턴가 종교 전문가들이 더 높은 지위와 '풀타임 기독교 사역'의 독점권을 주장하면서 그 동등한 지위가 조금씩 허물어지기 시작했다. 그들은 평신도를 목사나 사제의 감독을 받으며 주말에만 일하는 사람쯤으로 격하시켰다. 또 "그 사람은 평신도일 **뿐이야**"와 같이, '단지' '겨우' '그저' 등의 부사를 달아 평신도를 얕잡아 보았다. 그러나 이러한 종교의 전문화는 기독교 공동체의 온전함을 망가뜨릴 뿐이다.

지난 이삼십 년간 기독교 공동체에서 일어난 고무적인 발전 가운데 하나는 평신도의 증언과 사역을 강력하게 주장하는, 이 책을 쓴 두 사람의 말로 표현하자면 '영혼을 가지고 일터로 가자'는 열정을 불러일으키는 사람들의 출현이다.

이러한 열정의 확산으로 두 가지 사실이 분명해졌다. 첫째, 종교에서 쓰이는 언어와 일터에서 쓰이는 언어의 장벽이 무너져 내렸다. 언어는 모음 자음 할 것 없이 모두 하나님이 주신 선물이다. 하나님은 언어를 사용해 우리를 지으시고 다스리신다. 우리는 언어를 사용해 우리 죄를 고백하고 하나님을 찬양한다. 이와 똑같은 언어를 사용해 우리는 서로 알아가고, 물건을 사고팔고, 편지를 쓰고, 책을 읽는다. 하나님께 아뢸 때 사용한 바로 그 단어들, 똑같은 명사와 동사, 형용사와 부사, 접속사와 감탄사, 전치사와 대명사를 사용해 우리는 대화를 나눈다. 하나님과 구원 같은 중요한 문제를 위한 '성령의' 언어는 따로 존재하지 않는다. 양배추와 자동차를 사는 데 쓰이는 세속 언어도 따로 존재하지 않는다. 우리는 "오늘 우리에게 일용할 양식을 주옵소서"와 "그 감자 좀 주세요"를 동일한 언어 저장고에서 꺼내 쓴다.

하나님은 언어를 세속과 종교, 일의 세계와 예배의 세계로 구분하여 사용하지 않으신다. 우리라고 그렇게 해야 할 이유가 어디 있겠는가? 다행히도 요즘 우리 주위에는, 성경공부 할 때 사용하는 말과 송어 낚시를 하러 가서 쓰는 말 사이에, 또 하나님께 아뢰거나 하나님에 관해 이야기할 때 사용하는 말과 사장과 직원에게 또는 주식시장과 사업계획에 관해 얘기할 때 쓰는 말 사이에 언어의 연속성이 존재한다는 인식을 확산시키려는 친구들이 많아졌다. 언어는 수직으로 향하든 수평으로 향하든 모두 하나님이 주신 선물이다. 예수님이 쓰신 언어처럼 말이다.

'우리 영혼을 일터로 가지고 가자'는 열정이 높아질 때 분명해지는 것이 또 하나 있다. 사람들은 예수님의 말씀과 행적이 대부분 세속적인 환경과 일터에서—농부의 밭에서, 고기잡이배에서, 혼인잔치에서, 공동묘지에서, 낯선 여인에게 물 한 모금 청하신 마을 우물에서, 대형 소풍장소가 된

시골 언덕에서, 법정에서, 지인들이나 친구들과 함께하신 저녁 식탁에서—일어났음을 깨달아 가고 있다.

복음서를 보면 예수님은 이따금 회당이나 성전에 가셨지만, 대부분의 시간을 일터에서 보내셨다. 요한복음에서 예수님은 스물일곱 번이나 일하는 사람으로 나온다. "내 아버지께서 이제까지 일하시니 나도 일한다"(요 5:17). 일은 우리를 하나님에게서 떼어놓지 않는다. 오히려 우리가 하는 일은 하나님이 하시는 일의 연속이다. 성경의 첫 장에 나오는 하나님은 일하는 분, 우주를 창조하는 분이다. 하나님이 그분의 일터에서 지금도 일하고 계심을 확인하게 되면, 우리 역시 머지않아 우리의 일터에서 하나님의 이름으로 일하게 될 것이다.

당신이 영혼을 일터로 가져가기 원하는 그리스도인이라면, 이 책은 바로 당신을 위한 책이다. 폴 스티븐스와 앨빈 웡, 두 사람은 오랫동안 자신의 대륙, 북미(스티븐스)와 아시아(웡)에서 그러한 일을 해왔다. 그들은 이 책의 주제에 정통한 사람들이다. 두 사람은 평신도들이 일터에서 풀타임 그리스도인으로 일할 수 있도록 정확한 방향을 제시해 주어야 한다는 필요성을 발견한 선구자들이다. 그들은 지혜로운 안내자들이니, 신뢰해도 좋다. 이 책은 평신도에게는 긍지를 회복시켜 주고, 기독교 공동체에는 활력과 건강을 심어 줄 것이다.

유진 피터슨
리젠트 칼리지 영성신학 명예교수

머리글

폴 스티븐스와 앨빈 웅의 대화

"일 때문에 아주 죽을 지경입니다." 앨빈은 한숨을 쉬면서 땅콩 소스에 닭고기 꼬치를 푹 찍었다. "하루 종일, 거기다 야근까지 해도 시간이 모자라 뭐 하나 제대로 끝내질 못합니다."

"정말 힘들겠군요." 폴은 공감하며 가게 주인이 꼬치에 꿴 닭고기를 벌겋게 달아오른 숯불에 굽는 것을 물끄러미 바라보았다. 강황과 레몬그라스, 고수가 뒤섞인 향이 밤공기를 가득 채웠다. "여기 쿠알라룸푸르에 머문 지 이틀밖에 안 됐는데도 다들 분주하고 늦게까지 일하는 게 눈에 들어왔습니다. 세계 어딜 가도 일이 스트레스가 되어 가고 있는 것 같아요. 경쟁은 갈수록 치열해지고, 처리할 업무는 끊이지 않고, 글로벌 금융위기까지 닥쳤으니…. 기업들은 목 잘린 닭처럼 미친 듯이 일하고 있습니다."

"목이 잘려 나간 채 열여덟 달이나 살았다는 닭 얘길 들은 적이 있는데, 앞으로 석 달 동안 제가 바로 그 꼴이 될 것 같습니다." 앨빈은 말을 이었다. "그래서 이제 제 삶을 되돌려 보려고 몇 가지 계획을 세웠습니다. 수영 강습을 받

자. 주말에는 일하지 말자. 아내와 대화를 나누자. 기도 생활을 회복하자." "기도 생활에 무슨 문제라도 있나요?" 폴이 물었다. "일 때문에 기도를 통 못했습니다. 여전히 하나님을 믿고 교회도 계속 다니지만 솔직히 일주일에 70시간 넘게, 그러니까 가장 생산적인 시간에는 하나님이 안 계신 것처럼 행동합니다." 앨빈은 대나무 꼬치에 꿴 닭고기를 멍하니 바라보면서 말했다. "폴, 이렇게 미친 듯이, 쉴 새 없이 일하면서도 영적으로 성장하는 것이 가능할까요?"

"예, 가능하다고 생각합니다."

어떻게 하면 일을 하면서도 영적으로 성장할 수 있을까? 앨빈은 혼잣말처럼 중얼거렸다. 이런 생각이 전에도 불쑥 든 적이 있었다. 불가능할 것 같았다. 일하는 동안에는 스트레스가 심해 하나님의 임재를 느낄 수 없었고, 일을 마친 후에는 너무 지치고 멍해져 기도할 수 없었다. 일이 영적 성장을 북돋는 촉진제이기는커녕 오히려 장애물로 느껴졌다.

"일을 하면서 영적으로 성장하는 것이 무엇인지 경험하고 싶습니다." 앨빈은 말했다. "도와주시겠습니까?"

"응, 저는 당신보다 나이는 많지만 성자가 아닙니다. 당신과 마찬가지로 업무 압박과 스트레스를 받고 있지요. 더구나 우리 속에서는 탐욕, 분노, 질투, 교만 같은 것들이 있어 우리를 괴롭힙니다. 이런 압박이 외부 요인보다 우리를 훨씬 더 고통스럽게 만들지요. 이것들이야말로 일터에서 우리의 영적 성장을 가로막는 진짜 장애물입니다."

대화는 침묵으로 빠져들었다. 열대 하늘의 붉은 저녁놀이 서서히 어둠 속으로 사라졌다. 가게 주인이 던져 넣은 숯불은 더욱 벌겋게 달아올랐.

"한 가지 제안을 하고 싶습니다." 폴이 말했다. "우리가 정기적으로 만나 어떻게 하면 일하면서도 영적으로 성장할 수 있을지 대화를 나누고 함께 기도해 보면 어떨까요?"

"좋습니다. 저는 쿠알라룸푸르에서 일하고 선생님은 캐나다에 사시니 이메일이나 전화로 해야겠네요. 그래도 가끔씩은 직접 만나면 좋겠습니다." 앨빈이 말했다.

"그렇게 하면 되겠네요. 그런데 우리 대화에 성과가 있으려면 세 가지는 꼭 다뤄야 할 것 같습니다. 첫째, 일할 때 우리의 영적 성장을 가로막는, 영혼을 갉아먹는 내적 갈등을 확인해야 합니다. 힘들겠지만 반드시 필요한 과정입니다. 둘째, 우리가 마음을 다해 일할 수 있도록 성령이 어떻게 일하시는지도 생각해 보아야 합니다. 그리고 셋째, 어떻게 하면 우리가 하나님의 도우심을 받아 이전과는 다른 놀라운 방식으로 일할 수 있을지 한번 상상해 보면 좋겠습니다." 폴이 말했다.

"좋습니다!" 앨빈이 말했다.

이 책에서 얻을 수 있는 도움

당신은 일을 하면서 수지를 맞추거나 승진하는 것 이상의 특별한 것을 간절하게 바라는가? 살아 계신 하나님이 늘 곁에 계셔서 일하는 동안 당신의 생각과 말과 행동에 활력을 불어넣어 주시기를 열망하는가? 하나님의 변화의 사역을 **바로 당신의** 일터에서 확인하고 거기에 동참하고 싶은가? 그게 아니라면 당신은 한 시간 출퇴근 전쟁을 견뎌내고 사내 정치에서 살아남으며 상사와 거래처를 만족시키는 것 이상의 무언가가 있을 거라는, 일 자체가 지닌 더 큰 가치와 의미가 있는 거라는 막연한 생각만 하고 있을지도 모르겠다.

당신이 앞서 나온 질문들 가운데 어떤 것에든 '그렇다'고 대답했다면, 이 책은 바로 당신을 위한 책이다.

당신처럼 우리도 정말 일터에 우리의 영혼을 가져가고 싶다. 분주하고 긴장된 직장생활 한가운데서 하나님의 임재를 느끼고 싶다. 일을 하면서 날마다 사랑이 가득하고 거룩한 사람으로 변화되고 싶다. 지난 2년 동안 발리, 쿠알라룸푸르, 밴쿠버 등지에서 함께 기도하며 일터에서의 영적 성장에 대해 대화할 때, 우리에게는 이런 공통된 열망이 있었다. 하지만 서로 다른 문화와 직장 경험을 가지고 있었기 때문에, 우리의 토론에는 서로 다른 관점도 끼어들었다.

앨빈 웅은 말레이시아에서 성장했고, 브리티시콜롬비아 주 밴쿠버 소재 리젠트 칼리지에서 영성 및 일터신학을 공부하기 전까지 금융투자분석가, 에이피(AP) 해외 통신원, 그리고 통신회사 고위 관리자로 일했다. 그 뒤로 그는 민간 재단 운영자와 말레이시아 투자회사 임원으로 일하기도 했다. 캐나다 출신의 폴 스티븐스는 목사, 목수, 사업가, 일터신학 및 리더십 교수로 일했으며, 지금은 리젠트 칼리지의 일터신학 명예교수다. 그는 교회와 신학교, 회사에서 가르치고 강의하는 일을 계속하고 있다.

우리 둘은 폴의 일터신학 강의에서 처음 만났다. 그 후 몇 년 뒤에 공동 강의를 개설했고, 함께 일하고 여행하면서 친구가 되었다. 우리는 일과 삶에 대한 동양과 서양의 관점을 지속적으로 주고받았다. 신앙과 일을 통합하려는 우리의 여정은 여전히 '진행 중'이며, 이것은 앞으로 계속되는 대화에서 확인하게 될 것이다.

우리는 예수 그리스도를 따르는 사람들이다. 따라서 우리의 감수성과 세계관, 글쓰기는 유대 및 기독교 성경의 풍부한 전통에서 길어 올린 것들이다. 하지만 일터 영성을 찾고자 하는 사람이라면 어떤 신앙 전통에 속한 사람이든 상관없이 누구나 이 책에서 도움받을 수 있기를 바란다. 우리는 일과 영성의 통합을 시도하는 비학술 서적을 거의 발견하지 못했다. 말하자면 이 책은 기독교 영성의 보고(寶庫)를 열어, 평범한 사람들이 일터에서 통전적 인간으로 산다는 것이 무엇인지 발견해 나가도록 도움을 주고자 쓰인 것이다.

앨빈은 무슬림이 인구의 절대다수를 차지하는 말레이시아에서 10년 넘게 일했는데, 그곳에서 일터 영성을 깊이 추구하는 무슬림 동료들을 보았다. 어느 날 한 동료가 앨빈에게 말했다. "무슬림이란 알라께 복종하는 사람입니다. 금요일에 모스크에 가거나 하루 다섯 번 기도하는 것 같은, 겉으로 드러나는 행동을 넘어선다는 뜻이지요. 무슬림이 된다는 것은 기도하는 횟수를 세는 것을 넘어 일할 때도 기도하는 자세를 갖는 것입니다. 오늘날 무슬림들 사이에서 신앙과 일이 단절된 것은 불행한 일입니다. 많은 무슬림 국가가 부패와 불의, 불공평으로 얼룩진 것은 바로 이 때문이죠. 알라께서 모든 일에 함께하심을 철저하게 믿는다면 그렇게 행동하지 않을 겁니다. 저도 아직 멀었지만, 그래도 그 믿음대로 살기를 간절히 원한답니다."

예수님을 따르는 자들인 우리 역시 이렇게 살기를 간절하게 원한다. 우리는 일터의 통치자이신 예수님과 기도로 연합함으로써, 우리 삶을 하나님께 내어 드리기를 원한다.

일의 영성을 찾아야 하는 이유

왜 일하는지에 대한 이해가 없다면 삶의 의미를 잃어버리게 된다. 재능과 열망을 제대로 발휘하지 못하거나 희망이 보이지 않는 일을 하다 보면, 우리는 삶이 갑갑하게 갇혀 있다는 느낌을 받게 된다. "일이 영혼을 상실하면, 삶은 숨이 막혀 죽을 것이다."[1] 실존주의 철학자 알베르 까뮈(Albert Camus)의 말이다.

따라서 일의 영성은 반드시 필요하다. 의식적으로든 무의식적으로든 다음 전제들에 동의한다면 우리는 일의 영성을 키워 가고 있는 것이다.

○ 첫째, 하나님은 (일터를 포함한) 모든 곳에 계시고, (일하는 사람을 포함한) 모든 사람을 사랑하신다.

○ 둘째, 우리는 홀로 모든 것을 다 할 수 없다. 우리는 사람에게 의존한다. 그리고 특별히 하나님께 의존한다. 하나님은 우리에게 스스로를 발전시키고 성장시킬 수 있는 능동적인 힘을 주셨지만, 근본적으로 우리는 하나님 없이는 아무것도 할 수 없다.

○ 따라서 마지막으로 가장 중요한 것은, 하나님은 우리를 하나님과 더욱 닮아가게 하시면서 동시에 우리를 더욱 온전한 인간으로 만들고자 하시기 때문에, 우리를 열성적으로 찾으신다는 사실이다. 우리는 이 책에서 우리를 찾으시고 변화시키시는 하나님의 사랑의 활동을 '성령의 열매'(갈 5:22)라고 부를 것이다.

'영성'(spirituality)이라는 용어는 여러 가지 의미로 사용되는데, 우리는 일의 영성에 대한 그레고리 피어스(Gregory F. A. Pierce)의 설명을 따랐다. 피어스는 일의 영성을 "이 세상을 더 나은 곳으로, 하나님이 원하시는 것에 더 가깝게 만들기 위해 행하는 (유급 혹은 무급의) 모든 노력들을 통해, 우리 자신과 환경을 하나님께 조율하고, 이 세상에서 하나님의 영이 하시는 일을 몸으로 표현하는 존재가 되고자 시도하는 것"이라고 설명했다.[2]

우리는 피어스의 설명에서 영적 생활의 핵심 활동 세 가지를 끌어냈는데, 이것들은 일의 영성을 설명하는 데 도움을 줄 것이다. 이 세 가지 활동을 중심으로 이 책을 구성해 보았다.

1. 일터에서 활력 있게 일하지 못하도록 우리를 방해하는 내적 갈등의 실체 밝혀내기
2. 생명의 자원들을 제공하시는 성령과 사귀며 성령의 열매 맺기
3. 일의 중심에 하나님을 모실 때 삶이 어떻게 변화될지 상상하기

내적 갈등의 실체 밝혀내기. 이 책의 1부에서, 우리는 영혼을 갉아먹는 내적 갈등이 어떻게 일하는 사람의 삶과 일터에 깊숙이 자리잡고 있는지 살펴볼 것이다. 우리는 일을 할 때 쉽게 빠져들 수 있는 아홉 가지 '치명적인' 죄악들을 밝혀냈다. 이 죄악들은 일터의 문화와 과정, 시스템뿐 아니라 우리의 영혼에서도 잡초처럼 자라난다. 우리는 이 죄악들을 끊임없이 뿌리 뽑아야 한다. 이를 위해 각 장마다 '실천 과제'를 수록했다.

성령의 열매 맺기. 다음으로 우리는 조직뿐 아니라 우리 영혼에도 변화를 일으키기 위해 하나님이 어떠한 생명의 자원들을 제공해 주시는지 살펴볼 것이다. (사랑, 희락, 화평 같은) 성령의 열매들은 영혼을 갉아먹는 내적 갈등을 치료하는 해독제로 쓰인다. 우리는 성령의 강력한 역사를 보여 주는 실제 사례들을 이 책에 포함시켰고, 매일 연습할 수 있도록 몇 가지 영적 훈련들을 제시했다. 우리 자신을 알고 하나님을 아는 것을 가로막는 장애물을 제거하는 것 이외에도, 이런 훈련들은 우리가 하나님의 일하심을 더욱 잘 받아들일 수 있게 도와준다.

성령이 인도하시는 삶의 결과 상상하기. 끝으로 우리는 일터 영성의 결과들, 곧 하나님을 모든 일의 중심으로 기꺼이 맞아들일 때 우리 삶에 어떤 변화가 나타나는지 살펴볼 것이다. 각각의 주제를 삶에 구현한 평범한 성자들, 곧 과거와 현재, 동양과 서양의 평범한 사람들을 소개하는 작은 스케치들도 넣었다.

이 책의 활용법

이 책은 크게 3부로 구성되어 있으며, 표로 정리하면 아래와 같다.

내적 갈등의 실체 밝혀내기	성령의 열매 맺기	성령이 인도하시는 삶의 결과 상상하기
자만 자신을 최고라고 여기며 자기 자신 안에 갇히는 것	기쁨 하나님을 삶의 최우선으로 여기며 즐거움을 누리는 것	쉼 없는 기도 하나님과의 지속적인 사귐을 경험하는 것
탐욕 가진 것보다 더 많은 것을 소유하고자 하는 열망	양선 받기보다 주는 성품을 기르는 것	끊임없는 감사 자신이 가진 모든 것이 하나님의 선물임을 아는 자유를 경험하는 것
음욕 사욕을 채우기 위해 어떻게 남을 이용할지 상상하는 것	사랑 다른 사람에게 진정한 관심을 보이며 실제로 돌보는 것	아름다운 순전함 순수하고 온전한 마음으로 하나님과 이웃을 사랑하는 것
탐식 지나친 음식 섭취를 통해 만족을 추구하는 것	절제 성령의 인도하심을 따라 거룩한 삶을 사는 것	즐거운 내려놓음 음식에 대한 욕심을 버리고 소박하게 먹는 자유를 경험하는 것
분노 사람과 환경을 조종하고 통제하려는 열망을 드러내는 것	온유 자신의 의지를 내려놓고 겸허히 다른 사람을 북돋는 것	내어 맡긴 만족 자기 자신과 자신이 가진 것과 하는 일에 만족하는 것
나태 최소한의 일이나 전혀 중요하지 않은 일을 하고, 안이함을 좋아하는 것	충실 중요한 일을 맡기면 끝까지 완수하며 전적으로 신뢰할 수 있는 것	생명을 주는 리듬 일에 사로잡히지 않으면서도 훌륭하게 일을 해내는 삶의 패턴을 경험하는 것
질투 다른 사람이 잘되거나 재산이 늘어나는 것을 보고 괴로워 하는 것	친절 다른 사람의 재능과 성취를 기뻐하고 그들을 편안하게 해주는 것	이웃 사랑 다른 사람의 필요를 채우고 그들의 안녕을 위해 기여하는 것
동요 늘 지금보다 나은 곳이 있으리라 느끼고 불안정한 것	인내 의미와 희망을 갖고 자신의 자리를 계속 지킬 수 있는 것	소명에 대한 확신 하나님의 뜻 안에서 하나님의 일을 하고 있다고 확신하는 것
권태 일과 삶에 대한 진심 어린 열정이나 관심이 부족한 것	평화 어떤 상황에서도 온전함과 조화에 대한 열망을 갖는 것	마음을 천국에 둠 자신의 일을 영원의 관점으로 보며 의미와 기쁨을 가지는 것

이 책을 처음부터 끝까지 읽기 바란다.

이 표를 진단 도구로 사용하고 싶을지도 모르겠다. ('탐욕' 같은) 특정한 내적 갈등을 겪고 있다면, 그 갈등과 대응하는 열매('양선')와 결과('끊임없는 감사')를 읽어 보라. 물론 이런 상호관계가 고정된 것은 아니다. 관련 있는 다른 주제들을 살펴봐도 좋다. 예를 들어, '탐욕'에 관한 장은 '절제'와 '사랑', '평화'에 관한 2부의 장들과 관련하여 읽을 수도 있고, '즐거운 내려놓음', '내어 맡긴 만족', '이웃 사랑'에 관한 3부의 장들과 관련하여 읽을 수도 있다. 이 표와 각 칸에 들어 있는 짧은 설명들을 독서나 토론 시에 편리하게 이용하라.

우리는 각 장들이 당신의 삶에 풍성하게 적용된다는 것을 발견하기를 바란다. 이 책은 영적인 친구나 동료와의 대화에서 또는 소그룹에서 사용할 수 있다. 한 주에 한 장씩 27주 동안 읽을 수도 있고, 한 달에 한 번 그룹 스터디를 위한 자료로 세 장을(가령, 탐욕과 양선, 감사) 한꺼번에 읽을 수도 있을 것이다. '실천 과제'는 개인적인 성찰이나 그룹 토론에 적용할 수 있다. 한 사람 이상의 대화 상대를 찾기를 권한다. 왜냐하면 영적 성장의 많은 부분은 교제와 목적 지향적인 공동체 안에서 일어나기 때문이다.

이 책을 집필하면서 우리는 함께 기도하고, 쓰고, 서로의 글을 고쳐 주었다. 물론 하나님의 임재가 우리의 글쓰기를 더욱 즐겁게 해주었다. 먼저 앨빈의 아내, 휴이 펀(Huey Fern)에게 감사의 마음을 전하고 싶다. 그녀는 처음부터 끝까지 우리에게 피드백을 해주었고, 관련 서적 조사, 편집, 그리고 교정을 헌신과 사랑으로 맡아 주었다. 또한 폴의 아내, 가일(Gail)이 보여 준 친절과 격려에도 감사한다.

이 책에서 배울 수 있는 것들

- 일터에서 매일 맞닥뜨리는 좌절과 도전, 불확실성을 다스리는 법
- 일이 영적 성장의 장애물이 아니라 원천이 되게 하는 법
- 일이 당신을 하나님께로 이끌도록 하는 법
- 아무리 소모적인 일이라 하더라도, 일을 하면서 하나님을 항상 마음에 두는 법
- 일터에서 당신을 향한 하나님의 뜻을 발견하는 법
- 내적 갈등과 고통, 심지어 실패의 시간에도 하나님이 가장 큰 선물임을 알게 되는 법
- 일을 통해 당신 속에 숨어 있는 욕망을 극복하고 당신의 성품 안에 있는 새로운 힘을 발견하는 법

1부
영혼을 갉아먹는 일터의 아홉 가지 죄악

일터는 영혼의 전투가 벌어지는 격전지다. 우리는 하루 중 많은 시간을 일하며 보낸다. 매일 좋든 싫든 일과 관련된 생각과 결정에 둘러싸여 있다. 죄악이 삶에 숨어 들어오는데도 그것이 얼마나 해로운 영향을 끼치는지 깨닫지 못하고 내버려둔다면, 이는 마음의 열쇠를 사탄에게 넘겨주는 셈이다. 우리는 종종 죄악이 우리의 인간성을 망치고 상처내고 왜곡하고 쇠약하게 만드는데도 그냥 내버려둔다. 하나님과 우리의 관계는 그로 인해 뒤틀리거나 소원해진다.

우리가 깨닫지 못하는 사이, 직원들의 사고방식, 조직의 구조, 회사의 목표 안에 "죄의 정욕이 역사"(롬 7:5)할 수 있다. 이 점을 인지하기 위해서는 죄악이 아주 작게 우리 안에서 시작된다는 사실을 깨달아야 한다.

죄악은 생각에서부터 나온다. 죄된 생각에 빠지면, 우리는 선을 택할 것이냐 악을 택할 것이냐 사이에서 갈등하게 된다. 악한 생각을 따라 움직일 때 우리는 유혹에 넘어가게 되고, 이러한 행동이 지속되면 우리의 의지와 욕구와 성품과 삶을 통제하는 습관적 패턴이 생겨난다. 이런 방식으로 죄악은 우리 안에 깊숙이 자리잡는다. 그 결과 우리는 점점 더 쇠약해지고, 죄악이 우리를 파괴한다는 것을 알면서도 그 공격 앞에서 무력해진다. 우리는 곧 이렇게 항변한다. "그게 나야. 바뀔 수 없어."

그렇지만 죄악이 우리 마음에 뿌리내린 교활하고 다양한 방식을 간파하고 직시하기 시작할 때, 다음과 같은 변화가 일어나기 시작한다.

- 죄악 가운데 있을 때에도 하나님이 우리를 사랑하신다는 사실에 감사하게 된다.
- 하나님 없이는 아무것도 할 수 없음을 인정하게 된다.
- 죄악에 맞서 싸울 때, 하나님이 우리와 함께하시며 우리를 사랑으로

이끌어 좋은 결과를 거두게 하심을 알게 된다.
○ 예수 그리스도 안에서 서서히 자유와 기쁨을 경험하게 된다.

앞으로 이어질 아홉 장은 일터에서 겪는 갖가지 갈등과 싸우기 위해 어떤 도움이 필요한지 모색한다. 성경은 일터에서 부닥치는 이런 문제들을 '육체의 일'이라고 부른다. 사도 바울은 갈라디아서 5:19-21에서 이것들을 간결하게 보여 주는데, 더러운 것, 시기, 분냄 같은 내면의 기질들이 우리를 집어삼키는 죄악의 통로가 된다. 이러한 악한 충동들 때문에 우리는 예수 그리스도가 십자가에서 구속 사역을 하지 않으신 것처럼 행동한다.

일터의 아홉 가지 죄악

일터에는 온갖 죄악들이 있다. 아이디어 슬쩍하기, 자기가 하지 않은 일에 대해 공적 주장하기, 실수를 덮으려고 다른 사람 비방하기, 거짓말, 소문내기, 꾀병 전화하기, 보는 사람이 없을 때 기만적인 행동하기. 이러한 충동들은 더 뿌리 깊은 내적 갈등에 근거한다.

역사적으로 교회는 이러한 갈등을 '일곱 가지 대죄'라는 이름으로 이해해 왔는데, 이는 다음과 같다(괄호 안은 라틴어 명칭이다). 자만(*superbia*), 질투(*invidia*), 분노(*ira*), 나태(*acedia*), 탐욕(*avaritia*), 탐식(*gula*), 음욕(*luxuria*).

이 대죄 목록은 사막의 수도자이자 신학자인 에바그리우스 폰티쿠스(주후 345-399)가 처음으로 정리했다. 에바그리우스와 그의 추종자들은 세상의 유혹에서 벗어나기 위해, 그리고 하나님을 전심으로 찾기 위해 사막으로 들어갔다. 하지만 그들은 사막에서 자기 자신과 직면해야 했다. 이와 마찬

가지로 우리 역시 집에 있는 '악마들'에게서 벗어나고자 일터로 나가지만, 그 '악마들'은 직장에까지 우리를 따라온다.

갈등	열매	결과
자만	기쁨	쉼 없는 기도
탐욕	양선	끊임없는 감사
음욕	사랑	아름다운 순전함
탐식	절제	즐거운 내려놓음
분노	온유	내어 맡긴 만족
나태	충실	생명을 주는 리듬
질투	친절	이웃 사랑
동요	인내	소명에 대한 확신
권태	평화	마음을 천국에 둠

오늘날 우리가 알고 있는 일곱 가지 대죄 목록을 집대성한 6세기 그레고리우스 대제는 이 죄악들의 번식력에 주목했다. 이것들이 새끼를 친다는 것이다. "질투에서 증오, 수군거림, 비방, 이웃의 불행에 대한 기쁨, 그리고 이웃의 번영에 대한 고통이 자란다. 분노에서 다툼, 격한 감정, 모욕, 불평, 화, 그리고 불경함이 생겨난다."[1]

따라서 일터의 죄악에 주의를 기울일 때 우리는 그것들이 낳은 새끼들을 처리해야 한다. 과식, 정욕, 호전성, 게으름과 분주함, 낙담, 동요, 타인과 그들의 재능에 대한 질투, 이기적인 야망 같은 것들 말이다. 죄악의 목록이 완벽하게 작성된 적은 한 번도 없지만, 이 전통적인 일곱 가지 죄악 목록은 죄에 빠지기 쉬운 우리의 성향을 진단하는 데 도움이 된다. 그것들은 정말로 치명적이다. 예를 들어, 극단적인 나태는 우울증을 만들 것이고, 우울증은 사람을 죽음에 이르게 할 수 있다. 일곱 가지 대죄는 오늘날 일터에도 만연해 있으며 여전히 영향력이 있다. 우리는 이 일곱 가지 목록에 권태와 동요를 더했다. 이 두 가지는 특히 일터에서 뚜렷하게 나타나는 것들이다. 권태와 동요는 사악한 쌍둥이와 같다. 이것들은 일터에서 사람들에게 은밀하게 접근한다.

일터의 아홉 가지 죄악은 일터에서 하나님을 사랑하고 하나님의 임재를 인정하고자 하는 우리의 의지를 고갈시킨다. 이 치명적인 죄악들은 일과 일하는 사람의 어두운 면을 드러낸다. 이 때문에 우리는 일을 하면서 종종 좌절하고, 만족하지 못하고, 진땀을 흘리고, 힘들어한다.

그렇지만 하나님과 협력하여 일터의 죄악들(자만, 탐욕, 음욕 등)에 맞서 싸울 때, 우리는 사도 바울이 성령의 열매라고 부른 것[희락, 양선, 사랑(갈 5:22) 같은 것]을 구현해 내기 시작한다. 그 결과, 기도와 감사와 순결은 우리 삶의 특징이 된다. 17쪽 표를 보면, 우리가 지금 어디로 가고 있는지 알 수 있다.

하나님 안에서 더욱 깊이 성장하고 싶다면, 먼저 죄가 우리 가슴과 머리를 암암리에 사로잡는다는 것을 인식해야 한다. 이제, 가장 치명적인 죄인 자만부터 시작해 보도록 하자.

1
자만: 하나님과 동등해지려는 욕심

갈등	열매	결과
자만	기쁨	쉼 없는 기도
자신을 최고라고 여기며 자기 자신 안에 갇히는 것	하나님을 삶의 최우선으로 여기며 즐거움을 누리는 것	하나님과의 지속적인 사귐을 경험하는 것

앨빈　맡은 일이 잘되었을 때 자부심을 가지는 것은 좋은 일이에요. 다른 사람이 이룬 성취에 대해 자부심을 가질 수도 있고요. 하지만 자부심에는 어두운 면도 있습니다. 폴, 일을 할 때 자부심이 어떤 부정적인 영향을 끼친다고 생각하세요?

폴　자부심은 자기가 모든 것을 이루었다고 자랑하는 자만으로 변질될 수 있습니다. 일이 잘될 땐 자기 덕분이고, 잘 안 될 땐 다른 사람 탓이라고 생각해요. 남들에게 터무니없이 과장된 약속을 하며 기대감을 한껏 고조시키고는, 상황이 걷잡을 수 없게 되면 잘못을 떠넘깁니다. 제정신으로 생각하면 다른 모든 사람들이 자기를 실패로 몰았다는 것은 터무니없는 생각이지만, 이런 일은 직장에서 늘상 일어납니다.

앨빈　사람들이 처음부터 교만했거나 잘못을 떠넘겼던 것은 아니라고 생각해요. 보통 그것을 인생의 목표로 삼지는 않지요. 그렇지만 그렇게 변하고 맙니다. 왜 그럴까요?

폴   자만은 자신의 실체를 보지 못하도록 우리 눈을 가립니다. 자아를 우쭐하게 하고, 관점을 왜곡하며, 하나님과 우리 사이에 담을 쌓죠. 그 결과 우리는 하나님의 관점을 잃어버리게 됩니다. 하나님의 도움을 구하지 않고 스스로 우주의 중심에 서려고 시도하죠. 오직 자기 자신만을 신뢰하면서요.

앨빈   하나님을 신뢰할 수 없기 때문에 스스로 모든 것을 통제해야 한다고 생각하는 것 같아요.

폴   다른 사람의 자만은 쉽게 알아채지만 자신에게서 그런 신호를 알아차리기란 어려운 일이에요.

앨빈   자만심의 유혹을 받는다는 사실을 인정하지 않는다면, 이미 거기에 넘어갔을지도 모른다는 말씀이시군요.

자만 다시 생각하기

우리는 일터에서 자만에 관한 두 가지 유형의 사람을 만난다. 첫째, '단독 비행사' 유형은 자신의 성과에 대한 인정을 독차지한다. 그는 업적을 이루는 과정에서 어떤 도움을 받았는지, 특히 아랫사람에게서 어떤 도움을 받았는지 전혀 인식하지 못한다. 둘째, '참을 수 없어' 유형은 거드름을 피우며 다른 사람을 무시한다. 그가 다른 사람을 위해 쓴 5분은 워런 버핏(Warren Buffett)의 최신 주식 팁보다 더 값어치 있는 것 같다. '단독 비행사' 유형과 '참을 수 없어' 유형은 자기 자신을 '최고'(superb)로 여긴다. 여기서 '최고'라는 말은 자만에 해당하는 라틴어 '수퍼비아'(*superbia*)에 해당한다.

성경은 자부심(pride)을 여러 의미로 사용한다. 긍정적으로는 하나님의 영광, 탁월함, 아름다움을 강조하는 데 쓰이지만, 인간과 관련해서는 왜곡되어 사용된다. 이는 다른 사람보다 우월해지려는 시도, 눈에 띄고 싶은 마음, 과대평가로 인한 자만과 우쭐함을 의미한다. 자만은 음모를 꾸며 약한 자를 우롱하며(시 10:2) 자신을 속인다(욥 3장). 지혜에 관한 지침서인 잠언은 자만을 교만, 악행, 그리고 비꼬는 말과 연결짓는다.

따라서 하나님은 자만하는 사람을 물리치신다(약 4:6). 사실 하나님은 자만하는 사람을 미워하신다(잠 16:5). 자만은 하나님과 동등한 지위를 가지라고 부추기기 때문에 우리를 하나님에게서 멀어지게 만든다(시 138:6). 자만하는 태도는 예수 그리스도와 근본적으로 대립한다. 예수님은 하나님과의 동등함을 자신에게 유리한 것으로 여기지 않으셨다(빌 2:6).

일터에서의 자만

자만은 오늘날 일터 곳곳에 침투해 있다. 그것은 마치 공기처럼 우리의 유명인 우대 문화, 기업, 그리고 자아상 속으로 흡수된다. 일터의 이 죄악은 종종 야망, 확신, 당당함으로 위장하여, 우리 자신에 관한 그 어떤 고통스러운 진실도 경청하거나 인정하지 않도록 만든다. 결국 우리는 우리 자신을 속인다. 모든 것을 아시는 하나님을 속일 수는 없더라도 말이다. 이렇듯 자만은 치명적이다. 알아차릴 새도 없이 조금씩 우리 안에서 자라기 때문이다. 자만은 우리를 죽이고 있지만 우리는 그것을 알지 못한다.

12세기의 탁월한 수도사 클레르보의 베르나르는 자만의 실체를 간파했다. 유럽의 상업과 지성, 종교 생활에 영향을 끼친 시토회(Cistercian)의 이 영적 지도자는, 자만을 일컬어 무해하게 시작하지만 점차 우리를 가파른 사닥다리 아래로 끌어내려 하나님과 자신으로부터 완전하게 소외시킨다고 말했다.[1]

다음은 자만에 이르는 가파른 사닥다리다. 당신은 이 열두 계단의 어디쯤에 서 있는가?

1계단_ 호기심: 자신과 상관없는 일에 대해 궁금한가? 호기심은 해롭지 않은 듯 보이나 다른 질병들에 이르게 하는 통로다. 동료의 월급에 대한 호기심은 동료를 질투하게 만들고, 당신 자신을 불쌍히 여기게 만들며, 더 많은 월급을 받으려고 애쓰게 만든다.

2계단_ 소문내기: 궁금한 것에 관해 이야기하는가? 당신은 불평하고, 수군거리고, 당신에게 직접적으로 영향을 주지 않는 사람이나 일에 관해 말을 옮긴다. 당신은 비밀을 지키지 못한다.

3계단_ 근거 없는 낙관: 늘 만사형통이라고 자신하는가? 당신은 말을 많이 할수록 더욱더 스스로를 위로하려고 하게 된다. 당신은 잘하는 것에만 초점을 맞추고, 고통에 대해서는 웃으며 넘긴다. 인생에서 중요하지 않은 사소한 것들로 위로 삼으면서 말이다.

4계단_ 허세: 자신의 업적에 대해 넌지시 비추거나 말하는가? 기분 좋아지고 싶다는 욕구가 점점 커져, 당신이 얼마나 대단한 사람인지 이야기하고 만다. 그러면서 당신의 말 한마디 한마디에 귀 기울이는 사람들을 보며 뿌듯함을 느낀다.

5계단_ 자신을 특별하게 여김: 다른 사람보다 특별하다는 느낌이 드는가? 자기 자랑은 스스로를 평균적인 사람들보다 훨씬 낫다고 생각하게 만든다. 당신은 주목받을 만하다. 당신은 팀에서 스타다.

6계단_ 거만: 자신의 생각과 주장을 믿는가? 당신은 사람들에게서 쏟아지는 모든 찬사를 곧이곧대로 받아들인다. 당신은 더 영리하고, 더 명석하고, 더 박식하다. 끝. 더 말할 필요가 없다.

7계단_ 독단: 언제나 최선이 무엇인지 알고 있다고 생각하는가? 당신은 모임에서 말참견을 하고, 대화에 불쑥 끼어들고, 결정을 바꾼다. 그들이 당신의 생각을 묻는 한, 굳이 그들의 생각을 물어볼 필요가 없다.

8계단_ 자기정당화: 늘 자신의 행동에 대해 변명하는가? 사람들이 당신에게 맞서면 당신은 이렇게 응수한다. (a) 내가 하지 않았다. (b) 내가 했다. 그러나 그렇게 하는 게 맞는 일이었다. (c) 비록 잘못되긴 했지만 잘하려고 했다. (d) 다른 사람 때문에 그렇게 했다.

9계단_ 거짓 고백: 피치 못할 때만 미안하다고 하는가? 이쯤 되면 더 많은 사람이 당신의 거만한 행동을 알아차렸을 것이다. 누군가가 당신에게 맞서면 당신은 잘못된 행동을 고백하며 거짓 눈물을 흘린다. 그러나 속으로는 진짜 잘못한 것이 아니라고 생각한다.

10계단_ 동료나 상사에 대한 배신: 당신을 바로잡거나 꾸짖거나 도전하는 사람을 고의로 무시하는가? 당신은 모든 사람과 모든 일을 경멸하고 냉소한다. 당신의 멸시는 하나님을 향해서도 뻗친다.

11계단_ 뻔뻔하게 죄짓기: 악행을 저지르고도 기분이 괜찮은가? 부끄러움과 두려움, 죄책감은 떨쳐 버려라! 도덕주의자들이 당신을 어떻게 판단할지 생각하지 말라. 당신은 그런 것의 지배를 받지 않는다. 혼자 있을 때 일말의 후회나 가책을 느낄 수도 있지만, 어깨 한 번 으쓱하고 떨쳐 내면 그만이다.

12계단_ 습관적으로 죄짓기: 완전한 방종과 자유를 느끼며 죄를 짓는가? 멈추고 싶지만 멈출 수가 없다(행동으로 옮기지는 않는다). 죄의 앞잡이, 음란과 탐욕, 분노, 질투, 절망이 당신을 조종한다. 당신은 사탄에게 마음 문을 활짝 열었다.

자만 극복하기

자만으로 곤두박질치기는 쉽지만 빠져나오기는 매우 어렵다. 자만의 기만적인 속성 때문에 그 크레바스에서 탈출하려는 노력은 우리를 더 깊이 빠져들게 할 뿐이다. 자만은 우리에게서 자기이해의 능력을 앗아 간다. 겸손에 대해 말하면서 정작 거만한 행동을 하는 상사나 감독, 동료들 처럼 말이다. 그러한 거만은 당사자만 빼고 모두 다 알고 있다.

자만의 반대는 겸손이다. 클레르보의 베르나르는 겸손을 "자기 자신에 대해 잘 알기 때문에 자신의 무가치함을 인정할 줄 아는 덕성"이라고 정의한다.[2] 그런 사람은 하나님께서 주시는 복으로 말미암아 하나님의 관점으로 자기 자신을 볼 줄 안다. 그는 자신에 대해 환상을 품지 않으며, 하나님을 감동시킬 만한 어떤 일도 할 수 없음을 인정한다. 그러나 하나님은 그런 그를 깊이 사랑하신다. 그가 그런 자신을 하나님께 드릴 때 그분은 기뻐하신다. 드리는 것이 실패와 슬픔, 죄 같은 깨어진 조각들이라 할지라도 말이다.

그러나 겸손은 노력한다고 얻어지는 것이 아니다(이런 말을 상상해 보라. "친구여, 나는 겸손을 성취했다네!"). 겸손은 예수 그리스도와의 깊은 연합을 추구하는 가운데 생기는 부산물이다. 예수님은 겸손과 온유의 본이시기에, 우리가 마음 문을 연다면 우리를 당신과 닮은 모습으로 빚어 가실 것이다. 우리는 직접적인 방법을 통해 자만을 뿌리 뽑을 수 없다. 자기 계발에 더욱 힘써 매진하는 것으로는 안 된다. 그렇지만 자만을 다루는 간접적인 방법은 있다(아래 '실천 과제'를 보라).

특별히 성령은 우리에게 기쁨의 열매를 주셔서, 자아의 속박에서 해방되고 하나님과 다른 사람에게 마음을 쏟을 수 있도록 도우신다.

실천 과제

'자만에 이르는 가파른 사닥다리'를 다시 살펴보고 다음 제안에 대해 생각해 보라. 당신이 그 사닥다리의 어느 계단에 서 있는지 판단할 수 있게 해달라고 하나님께 도움을 구하라. 오스트레일리아 베네딕토 수도회 수사 마이클 케이시(Michael Casey)는 당신이 서 있는 사닥다리 위치에 따라 겸손을 기를 수 있는 몇 가지 훈련을 제안했다.[3]

1. 말을 자제하라(당신이 1계단과 2계단 사이에 있다면 이것을 연습하라): 소음과 분주함과 군중 속에서 침묵을 유지하는 것은 저절로 되지 않는다. 이번 주 점심 식사 시간에는 의도적인 경청자가 되어 말을 적게 하되, 진정한 관심에서 나온 질문을 하면서 말의 자제를 연습하라. 가십이나 부적절한 말을 멈추라.

2. 종이 되라(4-7계단): 예수 그리스도는 자신을 잊어버리고 다른 사람들을 염려하심으로 낮아짐을 보여 주셨다. 보통 당신이 하는 일보다 더 하찮은 일(복사나 동료들이 치우지 않은 더러운 접시 닦기)이 무엇인지 찾아 일터에서 종이 되신 그리스도를 모방하라. 이 일을 아무도 모르게, 정성을 다하여, 기쁜 마음으로 일주일 또는 한 달 동안(또는 그 이상) 해 보라.

3. 철저한 자기정직(8-12계단)을 연습하라: 당신이 일을 할 때 나오는 죄

된 혹은 습관적인 행동 양식(급한 성미, 완벽주의, 실수를 용납 못함)을 깊이 생각해 보라. 당신이 그런 행동을 계속함으로 이중생활에 끌려다닌다는 것을 믿을 수 있는 친구에게 털어놓아라. 필요하다면 가혹하게 피드백을 해 달라고 분명하게 말하라. 함께 기도하며 하나님의 도우심과 자비를 구하라.

2
탐욕: 더 많이 가지려는 욕구

갈등	열매	결과
탐욕 가진 것보다 더 많은 것을 소유하고자 하는 열망	양선 받기보다 주는 성품을 기르는 것	끊임없는 감사 자신이 가진 모든 것이 하나님의 선물임을 아는 자유를 경험하는 것

폴 우리는 일을 더 많은 돈, 더 많은 재산, 더 많은 안락을 위한 수단으로 여기라는 유혹에 부딪힙니다. 앨빈, 당신도 그런 유혹과 싸우고 있나요?

앨빈 감사하게도 저는 일을 돈벌이 수단으로만 생각하지는 않습니다. 직업을 바꿀 때마다 아내와 저의 수입에는 변화가 큰 편이었거든요. 금융과 투자 분야에서 일할 때는 필요한 것보다 훨씬 더 많은 돈을 벌었고, 때로는 자발적 실업과 파트타임 일을 선택하기도 했습니다. 덕분에 풍족할 때와 부족할 때 하나님을 신뢰하는 법을 배웠지요. 하지만 가끔 이런 생각이 들기도 합니다. "아주 조금만 더 가지면 좋을 텐데."

폴 당신 부부처럼 저도 아내 게일과 함께 지난 50년 동안 흥미진진한 삶을 살았습니다. 학생 사역을 했고, 도심 교회를 설립했고, 목수로도 일했고, 일터신학과 리더십을 가르치기도 했죠. 수입은 물론 엄청나게 들쭉날쭉했답니다. 절반으로 떨어질 때도 있었고 두 배로 오른 적도 있었어요. 그러나 이런 과정 속에서도 우리의 생활 방식은 크게 달라지지 않았습니다. 지금은 은퇴를 해서 정기적인 수입이 없는 상태고요.

앨빈   그렇다면 폴, 당신은 이제 더 많이 갖고 싶다는 욕구를 느끼지 않겠네요. 그런가요?

폴   아직도 희망일 뿐입니다. 저는 제 니콘 DSLR 카메라를 좋아하며 만족해 왔어요. 친구 피터와 점심을 먹으며 그의 최신형 니콘 모델이 어떻게 작동하는지를 보기 전까지는 말이죠. 제가 배운 것 한 가지는 이것입니다. 탐욕은 돈을 얼마나 많이 벌었느냐의 문제가 아니라, 돈과 소유가 나에게 어떤 의미인지와 관련된 문제라는 사실입니다.

앨빈   좋은 말씀입니다. 원칙적으로는요. 하지만 저는 봉급을 많이 받는 일을 하면서 탐욕스러워지지 않는 것이 가능한지 잘 모르겠습니다. 제가 착각하고 있는 건가요?

탐욕 다시 생각하기

요즘은 과하지 않고, 거만하지 않고, 다른 사람의 감정을 해치지만 않는다면 탐욕스러워지는 것을 어느 정도 용납하는 것 같다. 과도하게 많은 보수를 CEO에게 지급하는 회사들이 이런 사고방식을 부추기고 있다. 부동산 재벌이자 텔레비전 유명인사인 도널드 트럼프(Donald Trump)는 이렇게 말한다. "나는 일터에서 죄악시되는 탐욕에 대해 복합적인 감정을 갖고 있다. 그러나 나는 당신이 성공을 향한 만족할 줄 모르는 욕망을 강력한 동기로 삼아야 한다고 믿는다."[1]

사람들은 탐욕을 짧은 시간 안에 더 많은 것을 성취하고 획득하도록 도와주는 힘이라고 생각한다. 그러나 이러한 열망은 우리로 하여금 우리가 가진 것에 불만을 느끼고 아직 갖지 못한 것에 전전긍긍하도록 만든다. 생애의 마지막 10년을 기도와 감당하기 힘든 감정을 다스리는 일로 보낸 4세기 수도사 폰투스의 에바그리우스는, 탐욕이 단지 더 많은 물질을 쌓으려는 성향이 아니라고 썼다. 그는 탐욕스러운 사람들은 "아직 존재하지도 않는 것을 생각하는 데" 사로잡혀 있다고 말했다.[2] 십계명은 이러한 생각을 '탐심'이라고 부른다.

성경에 따르면, 탐욕 또는 탐심(*avaritia*)은 우리의 열정이 하나님이 아닌 하나님이 만드신 것들을 향하게 될 때 발생한다. 탐욕의 뿌리에는 빵(또는 양식)을 하나님과 완전히 분리된 것으로 여기려는 성향이 자리잡고 있다. 우리는 에덴 동산에서 이러한 마음의 요동을 찾아볼 수 있다. 아담과 하와는 어떤 나무의 열매를 쳐다보고 있었는데, 그 열매는 먹음직스러웠고 보기에도 좋았으며 그들을 지혜롭게 만들어 줄 것만 같았다. 그들은 그 열매를 유심히 바라보았다. 풍요의 동산에서, 아담과 하와는 양식과 아름다움과 권력의 유혹을 받았다. 그들의 눈앞에는 오늘날 우리 앞에 놓여 있는 것과 동일한 난제가 놓여 있었던 것이다. 하나님이 (부족할 때나 풍족할 때나) 우리의 필요를 채워 주시리라고 믿어야 할까? 아니면 정당해 보이는 수단을 동원해 우리의 욕구를 충족해야만 할까? 20세기의 탁월한 정교회 사제이자 저술가인 알렉산더 슈머만(Alexander Schmemann)은 아담의 원죄가 금단의 열매를 깨물어 먹은 것 이상이었다고 말했다. "그의 죄는 그가 그분을 갈망하기를, 그리고 오직 그분만을 갈망하기를 그쳤다는 것이다. 또한 자신의 삶 전부가 온 세상에 의존하고 있으며, 하나님과의 사귐을 경험하는 하나의 성례전이라는 사실을 보지 않았던 것이다."[3)]

일터에서의 탐욕

탐욕은 일터에서 가장 일반적인 죄악일 것이다. 탐욕의 범주는 무해하고 내면적인 것에서부터 강렬하고 사악한 것까지 매우 넓다. 대부분의 인지되지 않은 탐욕은 사랑하는 사람들을 위해 안정된 재정 기반을 놓아 주려는 고귀한 의도에서 나온다. 따라서 가난한 사람들도 탐욕에서 자유롭지 못하다.

탐욕 때문에 이메일 사기에 걸려든 피해자를 한심하다고 비웃기는 쉽지만, 탐욕이 우리의 소비 습관, 신용카드 사용, 그리고 투자 전략을 어떻게 부추기는지 확인하는 것은 훨씬 어렵다.

일한 만큼 정당한 보상을 받지 못하는 직원들이 보너스와 두둑한 봉급으로 부를 축적하는 고위 임원들을 보면서 화를 내는 것은 쉽다. 탐욕스런 제약업자들, 욕심 많은 신용카드 회사들, 그리고 파렴치한 제3세계 은행들을 욕하는 것도 쉽다. 그러나 '풍족한 인생'을 가꾸어 가는 것이 규범인 소비문화에 우리가 어떻게 흡수되었는지 알아내는 것은 매우 어렵다. 주의하지 않으면 자녀들의 대학 학자금이나 가족 휴가를 핑계 삼아 더 많은 돈을 벌어야 한다고 변명할 수 있다.

탐욕의 이면에는 베풂에 대해 박하고 인색한 마음, 즉 하나님과 다른 사람을 관대하는 대신 재물을 쌓아 두려는 마음이 도사리고 있다.

오늘날 탐욕은 광고를 통해 우리의 사고방식과 행동에 영향을 끼치고 있다. 광고 역사를 연구한 리처드 폴레이(Richard Pollay) 교수는 광고 산업이 실제로 필요한 것이 무엇인지에 대한 사람들의 판단과 감정을 흔들어 놓는 방법에 대한 연구를 공격적으로 진행해 왔다고 말했다. 현대 광고는 소비자들이 다양한 상품을 놓고 합리적인 선택을 할 수 있도록 정보를 제공해 주는 데 그치지 않는다. 우리가 현재 갖고 있는 것에 불만을 갖도록 시각 이미지를 사용해 우리를 자극한다. 폴레이는 말한다. "원하지 않던 것이 원하는 것이 되고, 원하던 것이 필요한 것이 된다."[4]

탐욕 극복하기

탐욕은 다른 내적 갈등과 마찬가지로, 우리가 무엇을 위해 창조되었는지를 보여 주는 표지다. 우리는 하나님을 위해 창조되었다. 또 하나님의 자비하심으로 양육받도록, 그리고 하나님이 주신 양식들에 의지하도록 창조되었다. 하나님의 양식에 의존하여 탐욕을 극복하기 위해서는 어떻게 해야 할까?

1. 쇼핑을 영적 훈련으로 여겨라. 물건을 충동적으로, 생각 없이, 광고의 매혹적인 호소에 이끌려 구매하지 않도록 하라. 우리가 원하는 것과 필요한 것이 무엇인지 자문해 보고 쇼핑 목록을 작성하라.
2. 도처에 넘쳐나는 광고의 유혹에 맞서라. 텔레비전 광고가 어떤 방식으로 '나를 사라'는 메시지를 퍼뜨리고 있는지 알아야 한다. 날마다 쏟아져 들어오는 광고 전단지 아래 어떤 가치가 숨겨져 있는지 가족이나 친구들과 함께 토론하라.
3. 남에게 주는 것으로 탐욕의 힘을 깨뜨려라. "돈의 사용"이라는 유명한 설교에서, 감리교 설교자 존 웨슬리는 이렇게 말했다. "벌 수 있는 한 벌

어라. 모을 수 있는 한 모아라. 줄 수 있는 한 주어라."[5]

4. 우리가 하는 일의 범위와 목표에 사회적 책임을 포함시켜라. 주주들만이 아니라 노동자, 소비자, 하청업체와 같은 폭넓은 이해관계자들을 돌아보라. [데니스 바케(Dennis Bakke)가 쓴 「일의 즐거움」(상상북스)에 나오는 이야기가 좋은 예다.][6]

결국 하나님은 우리를 부르셔서 영혼을 갉아먹는 탐욕을 없애라고 하시며, 선을 베풀어 힘을 주시고, 얻기보다 주는 성품을 길러 주시는 성령께 응답하라고 권고하신다. 우리 가슴 속에 있는 더 위대한 것, 곧 하나님의 선하심이 탐욕을 뿌리 뽑고 쫓아낸다. 성령이 주신 이러한 선하심은 우리를 감사가 넘쳐나는 사람으로 변화시킨다. 더 이상 소유하고자 하는 열망으로 불타지 않고 모든 것이 하나님께로부터 나옴을 아는 자유를 경험한다.

실천 과제

1. 탐욕을 극복하기 위한 제안(다르게 쇼핑하고, 광고에 저항하고, 직업의 시야를 확장하고, 후하게 주기)을 다시 살펴보라. 이것을 삶에 창조적으로 적용할 방법에 대해 친구들과 브레인스토밍을 해 보라.

2. 웨슬리의 조언 안에 들어 있는 세 가지 권고를 살펴보라. "벌 수 있는 한 **벌어라**. 모을 수 있는 한 **모아라**. 줄 수 있는 한 **주어라**." 하나님이 당신을 더 성장하도록 초대하시는 부분은 셋 중에 무엇인가? 당신이 시도할 수 있는 작은 실천은 무엇인가?

3
음욕: 음란한 일터

갈등	열매	결과
음욕	사랑	아름다운 순전함
사욕을 채우기 위해 어떻게 남을 이용할지 상상하는 것	다른 사람에게 진정한 관심을 보이며 실제로 돌보는 것	순수하고 온전한 마음으로 하나님과 이웃을 사랑하는 것

앨빈　생각해 보니, 재능 있고 매력 있고 생각이 비슷한 사람들이 장시간 한데 모여 일을 하는 사무실이 많습니다. 주로 최선의 행동을 할 테지만, 그렇다고 우리에게 성적 감정이나 정서가 없는 것은 아니죠. 어떻게 하면 음란한 관계로 빠져들지 않으면서 이성과 건강한 관계를 유지할 수 있을까요?

폴　일터가 음란해질 수 있다는 지적에 동의합니다. 사람들은 일터에서 늘 사랑에 빠집니다. 동료와 성적으로 엮여 버린 사람도 분명히 있을 거예요.

앨빈　그런 사람들 아니면, 나머지는 그러고 싶어 하는 사람들이겠지요.

폴　놀랄 일도 아니에요, 그렇죠? 사람들은 몇 시간, 며칠, 몇 달, 몇 년을 어깨를 맞대고 일합니다. 옷을 잘 차려 입고 있고, 외모도 멋져 보입니다. 게다가 전문적인 능력을 발휘하며 일하고 있고요. 이 모든 것들이 미묘하지만 실제적인 에로티시즘을 불러일으킵니다.

앨빈 맞아요. 아시아에서도 마찬가지예요. 점잖은 옷을 입지만, 그래도 성적인 긴장이 감돕니다. 미묘한 시선, 엘리베이터 안에서 우연히 어깨가 부딪히는 것, 평소보다 걸어진 점심 식사. 사내 불륜은 제쳐 놓더라도, 출근하는 길에 널려 있는 성적인 광고들이 이상하게 느껴지지 않을 정도입니다. 종교적으로 보수적인 이슬람 국가에서도 말예요.

폴 죽은 듯이 살지 않는 이상, 집을 나서서 일터로 가는 동안 우리는 한순간도 성을 꺼 놓을 수 없습니다. 우리는 전인적인 인간으로 일터에 갑니다. 성적 욕구까지 포함된 사람으로 말이죠.

앨빈 우리의 성이 일을 할 때 영적 성장에 도움을 줄 수 있다는 말씀인가요? 아니면 음욕이나 다른 금단의 열매가 불장난을 일으킬 것이라는 말씀인가요?

폴 둘 다겠죠.

음욕 다시 생각하기

일반적으로 음욕은 다른 사람을 향한 강렬한 성적 욕구라고 여겨진다. 이 감정은 만족과 흥분에 대한 갈망을 동반한다. 신약 성경에 나오는 헬라어 에피티미아(*epithymia*)는 일반적으로 '음욕'으로 번역되는데, 이 단어는 하나님이 주신 성이라는 선물을 악용하는 성적 죄악을 말한다. 일곱 가지 대죄가 전부 그렇듯이, 음욕은 생각이나 성향, 태도에서 시작하고 결국 간음과 간통, 그 밖에 다른 성적인 것을 포함하는 행동으로 이어진다. 예수님은 여러 번 이렇게 말씀하셨다. "나는 너희에게 이르노니 음욕을 품고 여자를 보는 자마다 마음에 이미 간음하였느니라"(마 5:28).

예수님의 가장 가까운 친구 사도 요한은 음욕이 그 끔찍한 에너지를 어떻게 분출하는지 세 가지 방식으로 보여 주었다.

○ 죄로 가득한 사람들의 욕망, 즉 육신의 정욕
○ 안목의 정욕
○ 갖고 있는 것과 하고 있는 일에 대한 자랑(요일 2:16, NIV)

이제 요한은 음욕이 어떻게 다른 대죄들과 연결되는지 언급한다. 음욕은 우리에게 속해 있지 않은 물건이나 사람을 소유하려는 내적 갈망을 만들어 낸다는 점에서 탐욕과 유사하다. 또한 자기를 자랑하고 싶은 욕망을 발생시킨다는 점에서 자만과도 유사하다.

탐욕과 자만, 즉 소유욕과 내향성의 조합은 음욕을 치명적인 대죄로 만든다. 음욕은 사랑의 대상으로서 사람에게 관심을 가지는 것이 아니라 사람을 몸뚱이로만 취급한다. 이는 본질적으로 이기적이다. "음욕을 품고 있는 나는 실제로 나 자신을 사랑하는 것이다." 노스파크 신학교 전 총장 칼 올슨(Karl Olsson)은 말했다. "다른 사람은 나의 만족을 위한 도구가 된다. 결국 실컷 사용하다 해지면 버리는 화려한 노리개와 같다."[1]

성 그 자체는 선하다. 성에는 하나님이 창조하신 인간의 육체적·심리적·영적 차원이 모두 들어있다. 프란체스코회 수도사 리처드 로어(Richard Rohr)는 성이 우리가 관계로 엮여 있다는 사실을 확증한다고 말한다. "우리는 불완전하고 궁핍하고 본질적으로 사회적인 존재이기 때문에 하나님은 우리 안에 관계를 지향하는 생명력을 창조하셔야 했다."[2]

성적 자극은 정상적이고 건강하고 선하다. 그러나 머릿속에서 배우자가 아닌 다른 누군가와의 성관계를 상상하도록 내버려두는 것은, 그 성적 자극이 음욕이 되어 버렸다는 것을, 곧 다른 사람을 소유하고 싶은 욕구가 되어 버렸다는 것을 의미한다. "다른 사람의 명예를 존중함과 하나님의 거룩함에 비추어 당신의 성적 욕구를 다스리지 않으면 그것이 바로 음욕이다." 신학자 존 파이퍼(John Piper)는 말했다.[3]

따라서 이 생명력은 제대로 방향을 잡아 주어야 한다. 마르틴 루터는 새를 머리에 내려앉게 하는 것과 둥지를 틀게 하는 것은 별개라는 유명한 말을 남겼다. 머릿속에서 시시때때로 생각이 솟아오르는 것을 막기란 거의 불가능하다는 말이다. 히포의 아우구스티누스는 「고백록」에 음욕의 우상숭배적인 마력에 관한 깊이 있고 통찰력 있는 글을 남겼다. 그는 음욕이 정신적 갈망과 육체적 갈망을 뒤섞어 인간 전체를 망친다고 말했다. "그 쾌락은 너무나 강렬해서 정점에 이르면 정신의 경보음이 완전히 소멸한다. 지성의 감시는, 말하자면, 궤멸한다.[4]

일터에서의 음욕

현대의 직장에서 음욕은 인터넷과 사내 불륜을 통해 우리 마음과 정신에 슬그머니 들어온다.

회사들이 부적절한 이메일을 차단하고 차단 소프트웨어를 설치하는데도 일터에서 인터넷 포르노를 보는 것이 사라지지 않고 있다. 연구자들은 휴대용 컴퓨터와 모바일 폰의 발전 때문에 들키지 않고 포르노 사이트를 찾아다니기가 더욱 쉬워졌을 것이라고 추측한다. 한편 성적 긴장은 관심사와 교육과 능력이 비슷한 사람들이 로맨틱한 관계를 추구할 수 없는 특별한 이유(결혼이나 회사 정책)가 있는 곳이 아니라면 어떤 일터에서든 계속해서 존재할 것이다. 혼외정사는 이미 보편화되어 있는데, 그 결과는 우리도 아주 잘 알고 있다. 상호비난, 성적 학대와 부당한 취급에 대한 고소, 떨어진 업무 수행 능력, 특히 배우자와 자녀들이 입은 정신적 상처. 그럼에도 불구하고 최근 영국과 호주의 일터에서 실시한 조사에 의하면, 열에 넷은 사무실 내에서의 성적 방종을 인정했다.[5]

우리 사회는 성적으로 지나치게 달아올라 있기 때문에, 예수님이 말씀하셨듯이(마 5:28) 음욕이 상상과 더불어 '마음'에서 시작된다는 것을 잊기 쉽다. 어떤 형태의 음욕은 놀라울 정도로 미묘하다. 뉴욕 출신인 폴의 한 여성 친구는 이렇게 말했다.

> 성에 관해서는 여자가 죄를 덜 짓는다고 생각하지만 실은 남자와 여자가 다르게 죄를 지을 뿐이다. 남자는 음욕을 품고, 여자는 남자가 음욕을 품게 만든다. 우리는 우리가 이럴 수 있다는 것을 알고 있고 그런 상황을 즐기기까지 한다. 그것은 파괴적인 힘이다. 남자는 욕구와 음욕, 매력과 망상, 음욕과 사랑의 차이를 배워야 하고, 여자는 남자가 음욕을 품지 않도록 하면서도 매력적으로 보일 수 있는 방법을 배워야 한다. 이는 아주 힘든 일이다. 우리가 우리 행동에 책임지지 않았기 때문에 지금과 같은 환경이 만들어졌다.

음욕은 자기 자신과 음욕의 대상을 파괴할 뿐 아니라, 성적 중독과 싸워 본 그리스도인들이 알고 있듯이, 궁극적으로는 하나님과의 친밀한 관계를 앗아 간다. 음욕의 묘한 매력은 남자와 여자 모두에게 치명적인데, 음욕의 결과(영적 소외)와 사랑의 보상(하나님과 친밀한 관계)을 생각해 보면 그 감각적인 쾌락이 너무나 덧없기 때문이다. 솔직하게 질문해 보겠다. 당신은 성적 절정에 이르는 것을 하나님의 사랑을 경험하는 것보다 우선순위에 놓고 싶은가? 부디 아니길 바란다.

음욕 극복하기

우리 영혼을 갉아먹는 음욕과의 싸움은 더 깊고 실제적인 것을 향한 위대한 내적 갈망의 실마리를 제공한다. 하나님의 친밀한 사랑을 받는 것, 그리고 하나님이 우리에게 주신 친밀하고 순수한 사랑으로 다른 사람을 사랑하는 것 말이다. 사랑은 음욕을 정복한다. 음욕은 섬김을 받으려고 하지만 사랑은 섬긴다. 음욕에서 사랑으로 전환하는 일은 길고 느린 과정이지만, 아래의 지침들과 실천 과제를 통해 시작해 볼 수 있다. [정교회 수도사 매튜(Matthew the Poor)의 교훈을 기억해 두면 도움이 될 것이다. 그는 경건한 영적 실천이 면죄 사유가 될 수 없다고 말했다. 죄의 욕구를 억제하려는 단호한 집중은 우리의 사랑과 하나님을 향한 부드러운 감정을 나타내는 하나의 방식일 뿐이다.][6]

1. 당신의 마음속 가장 깊은 곳에 있는 욕구는 하나님을 위한 것임을 알아야 한다. 하나님을 향한 갈망과 열망은 그보다 작은 다른 욕구들을 바르게 보게 한다. 다른 사람의 배우자와 동침하려는 잘못된 욕구에 사로잡혀 있는가? 포르노의 쾌락이 당신을 자극하는가? 그렇다면 "하나님은 우리와 사랑을 나누기 원하시고 우리와 함께 지내기를 기뻐하신다. 비록 하나님과 사랑을 나누기 위해 우리 자신의 어설픈 방법을 동원할지라도 말이다"라고 말한 감리교 감독 윌리엄 윌리먼(William Willimon)의 말을 생각해 보라.[7]

기독교는 욕구를 없애는 것이 아니라 우리를 창조하신 하나님과의 연합을 갈망하도록 그 욕구의 방향을 바꾼다. 그러한 깨달음은 기도의 심령을 고취시킬 것이다.

2. 영화, 소설, 인터넷 사이트를 선택할 때 음란한 자극에 노출되지 않도록 주의하라. 비즈니스 여행을 할 때는 눈에 보이는 자극이나 성적으로 유혹할 수 있는 사람들에게 노출되는 순간을 잘 살피도록 하라. 유혹을 피하는 데 도움이 되는 계획을 세워라(그리고 실외 활동을 하거나 유혹을 피할 수 있는 친구를 방문하라). 성적인 것이 넘쳐나는 사회에서 이러한 연습은 마음속에 견고하게 자리잡은 음욕을 깨뜨리는 영적 훈련이다.

3. 당신이 매력을 느낀 동료나 고객, 상사를 위해 기도하라. 그러면 하나님은 당신이 사람들을 몸뚱이로 취급하지 않도록 막아 주시고, 그들을 바라보는 하나님의 관점을 알려 주실 것이다. 누군가가 당신의 '눈을 즐겁게 해 준다'는 것을 자백하는 것은 그 사람의 아름다움에 대해 하나님을 찬양할 좋은 기회다. 하나님은 사랑스럽고 아름다운 분이기 때문이다(시 27:4을 보라).

4. 서로를 책임질 수 있는 친구를 구하라. 당신의 사생활에 대해 솔직한 질문을 던져도 될 만큼 신뢰할 수 있는 친구나 모임을 만드는 일에 우선순위를 두라.

5. 음란한 생각이 처음에 어떻게 시작되었는지 확인하라. 일하기 전, 업무 중, 그리고 퇴근 후에 당신의 상상을 자극한 시간과 환경, 사람들, 그리고 그 밖의 요인들을 잘 살펴보라. 음욕이 어떻게 시작되는지 파악하기 위해 깨어 있을수록 그 싸움은 한결 쉬워진다. 이는 또한 성령의 부드럽고 조용한 인도에 더욱 잘 응답하도록 당신을 도와줄 것이다.

실천 과제

1. 음욕을 극복하기 위한 지침들을 기도하는 마음으로 다시 살펴보라.

○ 당신이 바로 시행해야 할 행동들이 있는가? 그것을 실천하려는 결심을 오늘 중으로 신뢰하는 친구와 나누라.
○ 장기적으로 취해야 할 태도나 행동이 있는가? 하나님께 나아가 '정결한 마음을 달라'고 아뢰라(시 51).

4
탐식: 과도한 음식 섭취

갈등	열매	결과
탐식 지나친 음식 섭취를 통해 만족을 추구하는 것	절제 성령의 인도하심을 따라 거룩한 삶을 사는 것	즐거운 내려놓음 음식에 대한 욕심을 버리고 소박하게 먹는 자유를 경험하는 것

폴 그동안 저는 가르치고 자문하고 지도하러 전 세계를 다니는 동안 식도락으로 유명한 도시들을 방문해 왔습니다. 어딜 가든 주최 측은 저를 고급스러운 음식이 가득한 레스토랑으로 데려가더군요. 좋은 음식을 추구하는 것이 정말 우리의 영적 감각을 무디게 만들까요?

앨빈 부디 아니길 바랄 뿐입니다! 말레이시아 사람들은 먹는 것을 아주 중요하게 생각합니다. 아침 식사를 하면서 저녁에 뭘 먹을지 이야기할 정도지요. 사업 계약은 보통 값비싼 식사를 하며 성사시킵니다. 저는 이것이 잘못이라고 생각하지는 않습니다. 하지만 우리는 과도한 음식 섭취가 종종 도덕적인 삶에 얼마나 방해가 되는지 충분히 생각하지 않는 것 같아요. 예를 들어 어디서든 손쉽게 음식을 구할 수 있기 때문에, 저는 먹을 것이 충분하지 않은 지구상의 약 1억 명이 겪고 있는 궁핍함에 대해서는 둔감해집니다.

폴   식사의 중심에는 교제와 친교와 나눔이 있어야 합니다. 함께 일할 때, 우리는 음식을 얻기 위한 생계 수단을 공유하고 있는 것이지요. 탐식은 식사를 과소비로 바꾸는데, 우리는 이것을 대수롭지 않게 여깁니다. 이제 탐식은 부끄럽지 않은 죄가 된 것 같아요. 그렇지 않나요?

앨빈   우리가 왜 먹는지 그 핵심적인 의미를 잃어버린 것 같습니다. 폴, 좋은 음식과 좋은 식사교제가 도를 넘게 된 것은 언제부터일까요?

탐식 다시 생각하기

우리는 보통 대식가를 엄청나게 뚱뚱한 사람이나 고대 로마 잔치와 연결짓는다. 그러나 탐식을 외형적인 모습으로만 판단할 수는 없다. 어떤 비만인은 신체적으로 '타고난' 반면, 어떤 대식가는 '복을 받아' 높은 신진대사율을 가진 덕분에 습관적으로 과식을 하더라도 날씬하기 때문이다. 탐식은 음식을 많이 먹어 대는 것 이상을 의미한다.

탐식의 죄는 지나친 섭취를 통해 만족을 얻는다는 데 있다. 우리는 '탐식'(폭식, gluttony)이라는 단어를 다양한 모습의 과도함을 가리킬 때 사용한다. "그는 지나치게 일을 많이 한다(He is a glutton for work)." "그녀는 웬만한 고난도 잘 참고 견딘다(She is a glutton for punishment)." "그는 지나치게 주의를 기울인다(He's a glutton for attention)." 탐식은 좋은 것을 지나치게 많이 가지려는 것을 가리킬 때 사용되는데, 그 좋은 것이 텔레비전이 될 수도 있고 인터넷, 섹스, 레저, 회사 또는 일이 될 수도 있다. 탐식은 생명을 주는 활동들을 극단적인 방종으로 바꾸어 버린다. 중세 이래 기독교 사상가들과 철학자들은 음욕과 탐식을 연결지었는데, 이 둘은 모두 자기통제(이것은 앞으로 살펴보겠지만 우리를 바르게 살도록 돕는 성령의 방법이다)의 결여를 나타낸다.

좁은 의미에서, 탐식은 음식과 먹는 행위에 무절제하게 몰두하는 것이다. 기본적으로 탐식은 일과 관계에 쏟아야 할 우리의 에너지를 감소시킨다. 우리는 다른 사람을 돌보는 것보다 자신을 만족시키는 데 마음을 빼앗기게 된다. 궁극적으로 탐식은 우리로 하여금 하나님과 사람들에게 마음을 두지 못하게 한다. 아담과 하와가 직면했던 최초의 시험 역시 음식을 통해서 왔다. 그들은 순종하지 못했고 그 결과 하나님으로부터 멀어졌다. 하나님이 의도하신 음식과 일과 교제는 늘 함께 가는 것이었기에 이것은 비극이었다.

성경에서 하나님이 인간에게 주신 최초의 선물은 음식이었다(창 1:29). 그리고 우리는 이것을 매일 기도하여 구하라고 가르침 받았다(마 6:11). 성경에서 먹는다는 것은 종종 하나님의 축복을 상징한다(신 6:11; 8:10-12; 11:15; 시 23:5). 이것은 은총(눅 24:31; 행 10장)과 사역(마 25:35, "내가 주릴 때 너희가 먹을 것을 주었다")의 수단이 될 수도 있다. 또한 먹는다는 것은 성경적인 잔치에 포함된다. 히브리 성경에서 사람들은 십일조로 예루살렘 축제를 위한 음식과 마실거리를 사라는 권고를 받았다(신 14:22-26). 나중에 예수님은 이 축제 모티프를 하나님 나라의 은유로 사용하셨다(눅 14:15-24). 하나님은 새 하늘과 새 땅에서 베풀 어린양의 혼인 잔치를 염두에 두신 것 같다(계 19:7).

먹는다는 것은 단순한 생존의 차원을 넘어선다. "우리는 맛을 경험하며 경탄과 감동으로 가득한 세상을 향해 마음을 연다." 철학자 레온 카스(Leon Kass)는 이렇게 썼다.[1] 우리는 살기 위해 먹는다. 우리는 사람들과 교제하기 위해 먹는다. 그리고 심미적 즐거움(만족)을 느끼기 위해 먹는다. 신앙적으로 보면, 먹는다는 것은 곧 성례전이다. 믿음으로 그리스도인들은 성찬의 빵과 포도주를 통해 예수님의 실제적 임재를 믿는다(마 26:17-30).

일터에서의 탐식

일터에서 과도하게 먹거나 마시면 졸리거나 정신이 멍해지기 때문에 아주 해롭다. 식사를 잔뜩 하고 나면 사람들은 종종 어리석게 행동하고, 품위를 잃고, 단정치 못한 행동을 한다. 과식과 과음 자리-특히 아시아권 사업 세계에서는 일반적이다-에 빠지면 사업상 불리할 수도 있다. 회사에서 하는 접대용 식사도 사람들을 과식으로 유혹할 수 있다. 더 심각한 것은 탐식하는 노동력은 병든 노동력이 된다는 사실이다. 비만과 관련된 질병들 때문에 능력을 최대로 발휘하지 못할 것이기 때문이다.

교황 그레고리우스 1세는 탐식의 악덕을 다섯 가지 방식으로 정의 내렸다. "탐식은 때로 시간을 잡아먹는다. 때로는 비싼 식당을 찾고, 때로는 까다롭게 조리된 음식을 요구한다. 때로는 너무 많이 먹어 영양보충을 위한 수단을 넘어서기도 한다. 우리는 무절제한 식욕 때문에 종종 죄를 짓는다."[2] 이 사려 깊은 비판에는 몇 가지 뜻이 담겨 있다.

1. 하루 종일 너무 많이 먹으면 탐식하는 사람이 될 수 있다.
2. 너무 비싼 음식을 먹으면 탐식하는 사람이 될 수 있다.
3. 음식에 대해 지나치게 까다롭게 군다면, 많이 먹든 적게 먹든 탐식하는 사람이 될 수 있다. 어떤 사람들은 마치 자기가 요리 잡지의 미식가나 레스토랑 비평가라도 된 양 음식을 먹는다. 이 스펙트럼의 반대쪽 끝에 있는 미식가는 많은 음식을 요구하지 않고 '진짜 파삭파삭한 토스트를 아주 조금만' 요구할지도 모른다.[3] 식당 주인을 곤란하게 하는 일일지라도 자신이 원하는 것을 기어코 먹고자 한다는 점에서 그도 탐식하는 사람이다.
4. 점점 더 많은 것을 원함으로써 탐식하는 사람이 될 수 있다. 무절제하

게 먹는 것은 제쳐두고, 건강이 아니라 오로지 아름다움만을 추구하는 지나친 다이어트도 일종의 탐식일 수 있다.

    5. 탐식에 사로잡혀 있으면 파생된 죄에 취약해질 수 있다. 특히 음욕에 취약한데, 탐식과 음욕은 둘 다 육체의 과도한 욕구를 통제하지 못하는 것과 관련 있기 때문이다. 사막의 수사들과 수녀들은 이러한 심리학적 연관성을 잘 알고 있었고, 종종 금식으로 음욕을 제어하라고 말했다.

탐식 극복하기

    경건한 생활은 절제하고 자제할 줄 아는 식생활을 배우는 것과 관련 있다. 탐식은 본질적으로 영적이다. 지나친 식사는 이기심, 다른 사람의 복지에 대한 노골적인 무시, 고통당하는 사람들에 대한 무관심, 자기만족을 추구하는 생활, 그리고 하나님이 아니라 자신의 사사로운 즐거움에서 만족 찾기 등에서 비롯되기 때문이다. 따라서 탐식의 치유 방법은 궁극적으로 영적이며, 다음과 같은 단계를 통해 얻을 수 있다.

    1. 자기 인식에서 출발. 자신이 음식과 어떤 관계를 맺고 있는지 더욱 깨어 인식하도록 하라. 음식을 계획하고, 구입하고, 준비하고, 먹은 데 들이는 시간(또는 돈)을 기록해도 좋다. 당신은 정말로 그렇게 많은 시간과 에너지를 음식 때문에 허비하고 싶은가? 특정한 음식에 대한 충동을 하나님께 고백할 필요는 없는가? 음식과 관련된 활동들 이외에 다른 하고 싶은 일은 없는가?

    2. 생활 습관 바꾸기. 음식과 관련된 당신의 생활습관과 태도를 바꾸기

시작하라. 예를 들어, 특별한 경우를 제외하고는 후식을 안 먹기로 결정함으로써 부분적인 금식을 실천할 수도 있을 것이다.

3. 감사하기. 늘 색다른 것을 갈망하기보다는 주어진 음식에 감사하는 법을 배워라. 알렉산드리아의 클레멘트는 이렇게 썼다. "감사가 곧 바른 음식이다."[4] 우리가 먹는 음식은 우리가 하나님의 신실하심과 선하심에 의존하고 있음을 늘 상기시켜 준다. 바울도 동일한 말을 했다. "그런즉 너희가 먹든지 마시든지 무엇을 하든지 다 하나님의 영광을 위하여 하라"(고전 10:31).

결론적으로 예수님은 음식과 일에 대한 우리의 관점을 통해 우리가 하나님을 신뢰하는지, 아니면 일용할 양식을 지나치게 염려하는지 알 수 있다고 말씀하신다. "너희는 하나님이 실체가 되시고, 하나님이 주도하시며, 하나님이 공급하시는 삶에 흠뻑 젖어 살아라. 뭔가 놓칠까 봐 걱정하지 마라. 너희 매일의 삶에 필요한 것은 모두 채워 주실 것이다. 하나님께서 바로 지금 하고 계신 일에 온전히 집중하여라. 내일 있을지 모르는 일로 동요하지 마라"(마 6:33-34, 메시지).

실천 과제

1. 탐식은 지나치게 많이 먹는 문제에 그치지 않고 음식에 대한 태도의 문제로까지 확장된다. 다음 질문을 통해 당신의 행동과 태도 둘 다를 점검해 보라.

○ 먹을 것을 생각하느라 일에 집중하지 못하는가?

○ 식사 시간 전후로 간식을 많이 먹는가?

○ 먹고 마시는 것에 돈을 많이 쓰는가?

○ 음식의 질에 대해 늘 고민하는가? 요리가 기대에 못 미칠 때 화를 내거나 지나치게 불평하는가?

○ 식성이 까다로운가?

○ 너무 많이 먹고 마시는가? 먹는 일에 지나친 열심을 내는가?

2. 위에 나온 마태복음 6:33-34을 기도하는 마음으로 묵상하고, 돌아오는 한 주 동안 이 구절을 당신의 삶에 적용해 보라.

5
분노: 통제하려는 욕망

갈등	열매	결과
분노 사람과 환경을 조종하고 통제하려는 열망을 드러내는 것	온유 자신의 의지를 내려놓고 겸허히 다른 사람을 북돋는 것	내어 맡긴 만족 자기 자신과 자신이 가진 것과 하는 일에 만족하는 것

앨빈 우리는 스스로를 걸어 다니는 시한폭탄이라고 생각하지 않습니다. 보통 때는 직장동료에게 미친 듯이 화를 내거나, 상사에게 불리하도록 책략을 꾸미거나, 주먹으로 벽을 치거나 하지 않기 때문이죠. 우리는 다른 사람을 창피 주거나 발끈하게 만들지 않으며, 대체로 품위를 지키려고 노력합니다. 하지만 깊이 생각해 보면, 우리 모두 어떤 식으로든 분노 때문에 힘들어 하지 않나요?

폴 우리는 화를 내는 사람을 보며, 일을 제대로 하기 위해서는 고함을 지르고 겁을 주고 소리를 질러도 괜찮다고 생각하는 비열한 사장 같다고 생각합니다. 동료가 아이디어를 슬쩍하고 모든 공적을 가로챌 때 입을 꾹 다물고 있는 것에 대해서는 어떻게 생각하세요? 이것 역시 분노가 아닐까요?

앨빈 아니면 회의에 늦게 나타난 사람을 째려보는 것은요?

폴   일을 너무 많이 한다며 불만을 늘어놓는 배우자 때문에 골머리를 앓는 것은요?

앨빈   이사장 앞에서 프레젠테이션을 망친 뒤 자기혐오에 빠져 있는 것은 어떤가요?

폴   그런 것이 아니더라도 우리는 하루 종일 이유 없이 예민할 때가 있습니다. 그 원인을 꼬집어 알 수 없기 때문에 자신에게 더 미친 듯이 화를 내지요.

앨빈   저는 가끔 밤에 자려고 누워서 나를 화나게 했던 사람을 떠올립니다. 그러고는 그날 낮에 그 사람이 내 실수가 아닌데도 내게 고함을 질렀던 장면을 곱씹지요. 그 사람에게 고함을 질러 바로 되갚아 주고 싶은 기분이 듭니다.

폴   상황이 걷잡을 수 없이 돌아갈 때 화를 내기란 아주 쉽지요.

앨빈   맞아요. 저는 제가 화를 참을 수 없도록 만드는 모든 일에 대해 화를 냅니다.

분노 다시 생각하기

"비즈니스 분야에서 화를 내지 않고 싸우는 사람은 분명 손해를 본다. 왜냐하면 현실에 존재하는 총잡이들은 언제나 사납기 때문이다. 그들은 적이 머리에 피를 흘릴 때 팔짝팔짝 뛰면서 진정한 행복을 느낀다." 스탠리 빙(Stanley Bing)은 그의 책 「손자는 계집애였다」(*Sun Tzu Was a Sissy: Conquer Your Enemies, Promote Your Friends, and Wage the Real Art of War*)에서 이렇게 썼다. "참을 줄도 알아야 하고 주량은 세야 하지만, 분노야말로 전사가 소유해야 하

는 가장 중요한 특성이다.[1]

"포춘" 지의 불경한 칼럼니스트인 빙이 비아냥거리며 말하긴 했지만, 대부분이 분노를 다른 사람과 환경을 조종하고 통제하기 위한 도구로 사용한다는 그의 추측은 맞을 것이다.

일곱 가지 대죄 가운데 하나인 분노는 우리가 생활하고 일하는 곳에서 다양하게 나타난다. 성적 혹은 다른 형식의 일반적인 괴롭힘, 직원에 대한 편애, 동료나 고객 앞에서 또는 등에다 대고 부하 직원을 혹평하기, 보너스 철회, 배신과 일방적 통보 등.

분노는 제멋대로 끓어오르게 내버려둘 때 죄가 되어, 가까이 있는 사람들에게 상처를 입히는 '산탄총' 같은 반응을 초래한다. 이는 매우 파괴적이며 때로 회복 불가능한 결과를 남긴다. 잠언의 저자는 이렇게 말했다. "어리석은 자는 자기의 노를 드러낸다." 우리는 사랑 안에서 참된 것을 말하기보다 더럽고 파괴적인 말이 입술 밖으로 터져 나오도록 내버려둔다(엡 4:15, 29). 분노는 또한 입을 꾹 다문 채 '서서히 타오를' 때도 죄가 된다. 이때 우리는 예민해지고 사소한 것에도 발끈하게 된다.

그러나 모든 분노가 파괴적인 것은 아니다. 성경은 분노를 인간 또는 하나님 안에서 일어날 수 있는 끓어오르는 힘으로 묘사한다. 신약 성경에는 두 개의 헬라어가 영어 단어 '분노'(anger)를 나타내는 데 사용된다. 하나(*orgō*)는 '열정, 에너지'를 의미하고, 다른 하나(*thymos*)는 '흥분한, 끓어오르는'을 의미한다. 성경적인 의미에서 분노는 문제 해결을 위한 도구로서 하나님이 우리에게 주신 에너지다. 분노를 건전하게 사용한 예를 성경에서 찾자면, 나쁜 본을 보인 베드로 앞에 선 바울(갈 2:11-14), 불의에 대한 나단 선지자의 이야기를 듣고 화를 내는 다윗(삼하 12장), 그리고 하나님의 성전을 부정하게 한 유대인들에게 화를 내시는 예수님이 있다(요 2:13-18).

바울은 "분을 내어도 죄를 짓지 말라"(엡 4:26)는 말을 통해 모든 분노가 죄는 아님을 암시했다. 교회의 영적 아버지들은 분노에 악마와 맞서거나 악한 생각을 물리치는 위대한 힘이 있다는 것에 주목했다. 동방정교회 출신 학자 토마스 스피들리크(Tomas Spidlik)는 이렇게 썼다. "우리가 관계를 회복하고 불의에 맞서고 악과 싸우려는 동기로 분노를 표현할 때만 분노는 하나님이 기뻐하시는 건설적인 것이 될 수 있다."[2]

비록 하나님이 의로운 분노를 하시고 예수 그리스도도 하나님의 집을 위해 분노를 표출했지만, 우리 안에 자리잡고 있는 분노는 대부분 파괴적이다. 분노는 이기적인 동기에서 나올 때나 계속되도록 내버려둘 때(엡 4:26-27) 죄로 바뀐다(약 1:20). 사람들은 종종 분노로 인해 발생된 에너지를 당면한 문제가 아니라 사람을 공격하는 데 사용한다.

일터에서의 분노

우리의 감정 가운데 분노는 가장 폭발력 있고 날카로우며, 질투, 자만, 우울, 그리고 자살 같은 파괴적인 힘의 촉매가 된다. 분노를 억누르려 할 때조차 우리는 내적 자아에게 폭력을 행사하고 사랑하는 사람들에게 씻을 수 없는 상처를 줄 수 있다. 분노는 따뜻하고 너그러운 마음을 얼어붙게 만들어, 정중함과 품위로 치장한 얼음층을 만들고 가끔은 분개와 냉소라는 한기를 뿜어낸다. 이를 저지하지 않으면 우울증으로 발전할 수도 있다. 다른 사람의 감정을 상하게 하는 생각은 결국 자신의 감정도 상하게 한다. 분노는 우리로 하여금 우정과 동료 관계, 공동체 생활을 파괴하도록 만든다. 결국 우리는 하나님에게서 소외된다. 분노하는 사람들은 기도할 수 없기 때문이다.

4세기 신학자 존 카시안(John Cassian)은 분노가 어떻게 공동체 생활(특히 그가 유럽에 설립한 두 개의 수도원 안에서)을 파멸시킬 수 있는 잠재력이 있는지 광범위하게 숙고했다. 그의 통찰은 특별히 현대의 일터(그리고 교회)에 적절한 의미가 있는데, 여기서 분노는 억지 미소와 정중한 이메일 속에 위장되거나 억제되어 있다.

1. 그는 분노를 다루는 단기적인 해결책에 대해 경고한다. 우리는 분노를 내색하지 않거나 얼버무리며 거짓 평화를 추구하려 할 수 있다. 그러나 카시안은 그것이 임시방편일 뿐이라고 말한다. 우리의 냉담한 태도는 다른 사람을 경멸하는 더 끔찍한 문제를 만들어 낸다.[3]

2. 다른 사람의 화를 유발하는 무기로 침묵과 냉소를 사용할 때 우리는 이중 위험에 직면한다. "악의에 찬 침묵은 가혹한 언어 학대보다 더 심각하다. 또한 그로 인해 상대가 입은 상처는 우롱하는 사람의 교활한 찬사보다 더 견디기 힘들다."[4]

3. 분노의 악영향은 깊은 곳에 증오를 품고 있으면서도 서로 점잖은 척하려고 할 때 깊이 뿌리박힌다. 카시안은 고상한 겉치레를 유지하려는 노력 이면에 숨겨진 일그러진 관계에 대해 경고한다. 우리는 너무 쉽게 '거짓 인사와 기만적 사랑의 입맞춤'을 한 유다처럼 되어 버린다.[5]

4. 카시안은 우리가 화를 억누르고 있을 때라도 우리의 육체는 거짓말을 못한다고 말한다. 억누른 분노는 종종 식욕 상실, 불면, 그리고 다른 사람들을 통제할 수 있다는 환상으로 이어진다.[6] 분노의 중심에는 통제하고자 하는 욕구가 있다.

분노 극복하기

회사들은 일터에서 분노의 파괴적인 결과가 나타나지 않도록 분노 조절 세미나, CEO를 돕는 임원 코칭, 그리고 요가와 명상 반까지 동원한다. 이것들 외에도 갈등 해결 전략, 휴식시간 갖기, 적극적인 자신과의 대화(혼자 말하기), 스트레스 다루기, EQ 계발 등이 있다.

수도사들이 분쟁을 어떻게 중재하는지 수십 년간 지켜본 카시안은 분노를 다루는 네 가지 아이디어를 제안하는데, 이것들은 일터에서도 적용할 수 있는 것들이다. 가슴 깊은 곳에서는 물론이고 입술 안에서도 평온을 유지하도록 주의하라. 분노 가운데 말하지 말라. 앙갚음하는 말을 하지 말라. 그리고 하나님께 당신의 마음이 넓어질 수 있도록 간구하여 분노의 거친 파도가 사랑의 항구 안에서 사라질 수 있도록 하라.[7] 입술과 마음의 이러한 자제는 팀을 이루어 일할 때 더욱 중요하다.

우리는 보통 정면으로 분노를 뿌리 뽑으려 하지 않는다. 분노를 통제할 수 없다는 것을 알았을 때 더욱더 화가 날 수 있기 때문이다. 따라서 분노를 극복하기 위해서는 통제의 욕구를 하나님께 내려놓는, 다음과 같은 간접적인 방법이 필요하다.

1. 온유한 마음 기르기. 첫걸음은 하나님 앞에 분노 때문에 생긴 괴로움을 고백하는 것이다. 당신 자신의 불완전함에 속 태우지 말라. 물론 당신은 실수를 저질렀을 때 틀림없이 기분이 나빠질 것이고 후회할 것이다. 그러나 화가 난다는 것에 대해 화를 내는 것은 결국 통제 욕구의 표시다. 온유한 사람은 죄 때문에 충격을 받지 않는다. 그들은 자신의 갈등을 하나님과 사람들에게 고백한다.

2. 분노의 뿌리 잘라내기. 당신의 마음속에서 분노가 어떻게 시작되었으며 어떻게 작은 씨앗에서 큰 나무로 자랐는지 알아내도록 하라. 자신이 왜 화를 내고 있는지 알고 싶다면, 강제로 분노를 짓누르지 말라. 그렇게 하면 상황만 악화될 뿐이다. 하나님의 자비를 구하라.

3. 화가 나지 않았을 때 온화함을 기르라. 태생적으로 목소리가 크다면 동료나 사랑하는 사람들에게 부드럽게 말하라. 당신의 원수를 위해 기도하라. 예수님이 용서하신 것처럼 다른 사람들을 용서하라. 이것을 실천할 때, 당신은 당신이 하나님께 깊이 사랑받고 있음을 알게 될 것이다. 하나님은 당신에 대한 거룩한 분노를 자제하셨고 당신을 자녀로 안아 주셨다.

사랑과 온유한 마음에 의해 정화된 분노는 일터를 변화시키는 강력한 힘이 된다. 우리는 더 이상 다른 사람과 환경을 조종하거나 통제하기 위해 분노를 사용하지 않는다. 오히려 성령의 도움을 받아 자연스럽게 개인의 의사를 내려놓고 다른 사람을 세워 주고자 할 것이다.

실천 과제

1. 분노 때문에 곤란했던 상황을 다섯 가지 정도 떠올려 보라. 당신이 각각의 순간에 어떤 방식으로 분노를 억누르거나 위장했는지 점검해 보라.

- 분노를 숨겼는가?
- 거짓 평화를 추구했는가?
- 앙갚음하기 위해 침묵을 사용했는가?

ο 모멸감을 준 사람들을 오히려 친절한 척하며 대했는가?

ο 일터에서 겪는 스트레스 때문에 불면증과 식욕 상실을 겪었는가?

2. 분노를 극복하고 더욱 온화한 사람이 되기 위해, 카시안의 네 가지 제안을 어떻게 창조적으로 적용할 수 있을지 생각해 보라.

6
나태: 병적인 분주함

갈등	열매	결과
나태	충실	생명을 주는 리듬
최소한의 일이나 전혀 중요하지 않은 일을 하고, 안이함을 좋아하는 것	중요한 일을 맡기면 끝까지 완수하며 전적으로 신뢰할 수 있는 것	일에 사로잡히지 않으면서도 훌륭하게 일을 해내는 삶의 패턴을 경험하는 것

앨빈 폴, 긴급한 일들이 몰려 있을 때 중요한 일을 하기 위해 어떻게 시간을 내시나요?

폴 이런 질문을 하는 걸 보니, 요즘 무슨 일 있나요?

앨빈 지난 몇 주 동안 진짜 정신이 없었거든요. 너무 많은 일들이 일어났어요. 마감해야 할 일들, 새로운 프로젝트들, 해외 출장. 하지만 몇 달 지나면 이런 바쁜 일들도 다 사라지겠지요. 그러면 주말에는 아내와 더 많은 시간을 보낼 작정입니다. 그리고 밤 열두 시 이후에는 스마트폰도 확인하지 않으려고요.

폴 지나치게 바빠 보이는데요.

앨빈 그래도 전 게으름뱅이는 아니에요. 제 의무들을 소홀히 하지는 않으니까요. 일주일에 5일을 칵테일이나 홀짝거리며 빈둥거리지 않습니다. 게으른 것보다는 바쁜 게 낫지요.

폴   제 생각에 일중독자와 게으름뱅이는 백지장 차이인 것 같은데요.

나태 다시 생각하기

어떤 사람들은 일에 극심한 반감을 품는다. 그들의 습관을 보면 아마존에 사는 세발가락나무늘보가 떠오른다. 이 녀석은 나뭇가지에 거꾸로 매달려 아주 굼뜨게 움직이기 때문에 햇빛을 받지 못한 배에서 이끼가 자랄 정도다. 이와 유사하게, 나태한 사람들은 넋이 나간 듯 무감각하게 고개를 숙이고 걸으며, 그들이 가진 재능이 시들도록 내버려둔다. 일을 할 때 그들의 게으른 습관은 비난받을 만하다. 그들은 일을 피하기 위해 부지런히 일하기 때문에 동료들이 더 많은 일을 해야 한다.

"나는 게으름을 가장 증오한다." 부동산 재벌이자 텔레비전 유명인사인 도널드 트럼프는 말했다. "나는 매우 열심히 일하며, 나를 위해 일하는 사람들도 똑같이 일해 주기를 원한다. 성공하고 싶다면 긴장을 풀어선 안 된다.…손에서 일을 놓을 시간이 없기 때문에 나는 절대로 휴가를 가지 않는다. 최근 읽은 기사에 보면 요즘에는 많은 사람이 휴가 중에도 이메일이나 음성메일을 확인하고 사무실에 전화를 건다고 하는데, 나 역시 그런 사람이 나를 위해 일해 주었으면 좋겠다."[1]

그러나 트럼프는 핵심을 놓치고 있다. 게으른 사람들만이 나태한 것이 아니다. 극도로 바쁜 사람들도 나태해질 수 있다. 일중독자의 징후를 보라. 그는 가족과 사랑하는 사람들을 소홀히 대한다. 또한 몸이 보내는 신호를 무시하고 자기 일에만 빠져 있다. 그는 사람들을 피상적으로 대한다. 아드레날린이 팍팍 나올 정도로 일 때문에 흥분되어 있지 않으면, 그는 무기력하고 멍하며 죄의식을 느끼고 우울해진다. 이러한 금단 증상은 만성적으로 게으른 사람들과 이상하게도 유사점이 많다.

잠언은 나태한 사람들을 통렬히 비난하며 열심히 일하는 사람들을 칭찬한다. 그러나 그 말 속에는 미묘한 차이가 숨어 있다. 데릭 키드너(Derek Kidner)는 그의 잠언 주석에서 나태한 사람들은 일을 시작하지 않으려 하고, 끝마치지 않으려 하고, 직시하지 않으려 한다고 말했다. 여기서 그는 나태한 사람조차도 일을 하는 것으로 가정한다. 문제의 핵심은, 도덕적으로나 영적으로 게으른 사람은 덜 중요한 문제에 대해서는 부담을 줄이려고 애쓰고 당장 해야 하는 중요한 일에 대해서는 신경 쓰지 않으려 한다는 것이다. "따라서 그는 만족을 얻지 못해 무기력하고, 자기가 해야 할 복잡한 일 앞에서 무력하다"고 키드너는 말한다.[2] 나태한 사람의 욕구는 결코 채워지지 않는다(잠 13:4). 더 정확히 말하면, 나태한 사람은 바른 것을 하고자 하는 의욕을 갖고는 있지만 행동으로 옮기려 하지 않는다(잠 21:25-26).

만성적으로 게으른 사람은 최소한의 일을 선택하는 한편, 일을 지나치게 많이 하는 사람은 사소한 일을 하는 데 엄청난 에너지를 쓴다. 두 사람 모두 자신과 주변 사람에게 해를 입힌다. 나태는 또한 영적 감각을 죽여 하나님의 일에 초점을 맞추지 못하게 한다.

일터에서의 나태

나태가 어떻게 일터에 숨어 들어오는지 살펴보면, 나태한 사람을 아래와 같이 다섯 가지 유형으로 나눠 볼 수 있다.

1. '기분파 아이린'은 이런저런 재미를 쫓아다니며 매일 일을 해야 하는 지겨움을 혐오한다. 그녀는 인생을 끝없이 계속되는 지중해 크루즈라고 생각한다. 스트레스도 없고, 걱정거리도 없고, 무엇을 먹고 어디서 일광욕을 할지 외에는 결정할 것이 없는 여행 말이다. 불행하게도 그런 꿈같은 세상은 존재하지 않는다.

2. '신실한 조'는 낮에 일할 때는 게으름을 피우지만 사무실을 나와 교회로 가는 순간 생기가 돈다. 그는 자신의 일이 '세속적'이며 하나님을 섬기는 것과는 아무 상관없는 단순한 돈벌이라고 생각하기에 일터에서 자신에게 충분히 투자하지 않는다. 조의 신앙적 열심에도 불구하고, 그는 일에 대한 성의 없는 태도 때문에 그리스도인으로서 증거하는 삶을 손상시킨다.

3. '의욕 없는 다이애나'는 월급을 받으려고 일은 하지만, 일에 대한 특별한 열의는 없다. 몸은 여기 있지만 마음은 다른 데 가 있는 것이다. 그녀는 무관심하고 무책임하고 무덤덤하다. 다이애나는 자신이 문제라고 생각하지 않겠지만, 그녀의 태도는 동료들의 사기를 꺾어 버린다.

4. '뒤로 물러앉은 앤드류'는 구경꾼이 되는 것을 좋아한다. 그는 긴박한 문제를 안고 있는 사람을 포함한 이 세상의 필요를 무시한다. 누가 도움을 요청한다고 생각되면 고개를 돌려 버린다. 그가 진실의 편에 서 줄 것을 기대해서는 안 된다. 특히 그것이 개인의 희생을 요구하는 일이라면.

5. '진취적인 이블린'은 현대인들 사이에서 가장 일반적으로 나타나는 유형이다. 그녀는 자신의 일을 사랑하고 업적에 의해 인정받는다고 느끼는 아주 재능 있는 지식 노동자다. 이블린은 최신 스마트폰, 비즈니스 클래스 여행, 그리고 업무 처리 비용의 무제한 지원 등 최고의 경쟁력을 갖춘 직원

에게만 부여되는 특권을 누리고 있다. 그녀의 일은 매력 있고 흥미롭다. 그 일에는 계약을 체결하거나 프로젝트를 완성하는, 아드레날린이 솟구치는 일도 포함되어 있다.

2006년 12월 "하버드 비즈니스 리뷰"(Harvard Business Review)에 한 논문이 실렸다. 앤 휴렛(Ann Hewlett)과 캐롤라인 벅 루스(Carolyn Buck Luce)는 주당 60시간 이상 일하면서 다음과 같은 특징 가운데 최소한 다섯 가지가 해당되는 '극한 직업'을 가진 사람들, 즉 고소득 전문직업인들을 연구했다.

- ○ 업무 흐름을 예측할 수 없음
- ○ 일이 마감 시한에 맞춰 빡빡하게 진행됨
- ○ 한 가지 일 이상 과도하게 책임을 맡음
- ○ 정규 업무 시간 외에도 관련 행사가 많음
- ○ 하루 24시간, 일주일에 7일 언제든 고객에게 봉사함
- ○ 손익에 대해 책임짐
- ○ 출장을 자주 감
- ○ 여러 상사에게 직접 업무를 보고함
- ○ 최소 하루 10시간 일터에 나와 있어야 함[3]

이런 고된 일에 대한 금전적 보수는 상당할 수 있다. 그렇지만 가려진 비용도 만만치 않다. 극한 직업에 종사하는 사람들 대부분은 충분히 잘 수도 운동을 할 수도 없다고 말한다. 그들은 과식한다. 또 자녀들과의 관계에 소홀해진다. 그리고 하루 12시간 일하고 난 후에는 너무 피곤해서 배우자와 대화할 기운조차 없다. 그들은 가정을 돌보지 못한다. 그들은 육체노동

을 하고 싶어 하지 않는다. 쓰레기 분리수거에서 화장실 청소까지.

일중독도 역시 영적 위험을 일으킨다. 일중독자들은 일 이외에 다른 어떤 것을 생각할 에너지가 남아 있지 않다. 다른 사람들과의 관계, 결혼생활, 자녀, 건강, 부모, 교회, 하나님과의 관계, 그리고 그 결과 영원과 관련된 문제들에 대해서도 전혀 생각하지 못한다. 그들은 덜 바빠질 날을 기다리고 있다. 그렇게 되면 모든 것들을 제자리로 되돌릴 것이다. 하지만 그런 날이 오면 그들은 같은 일을 여러 번 반복하며 시간을 보낸다. 생존 문제와 상관없는 경우에도 삶의 기본 원칙을 무너뜨리는 직업을 포기하지 못한다. 그들은 자각 능력을 상실할 때까지 과로할 것이다. 내면의 각성 능력이 나태에 의해 마비되는 동안에도 그들은 영혼이 서서히 죽어가는 상황을 탈피하지 않고 우물쭈물한다.

"나태한 사람은 아주 부지런한 사람일 수 있다. 그들은 자동조종장치로 비행하는 사람들이다. 지독한 감기를 앓고 있는 사람처럼 미각과 후각이 상실되었다. 그들은 그들에게 무엇이 잘못되어 있는지 알고 있다. 하지만 무슨 조치를 취할 정도로 그렇게 나쁜 상태는 아니라고 생각한다."[4]

나태 극복하기

예수 그리스도는 일하는 방식에 있어 우리에게 좋은 본이 되어 주신다. 이는 종종 우리 자신과 날카롭게 대비된다. 안식일에 중풍 걸린 남자를 고치신 것을 두고 사람들이 비난하자, 예수님은 이렇게 말씀하셨다. "내 아버지께서 이제까지 일하시니 나도 일한다"(요 5:17). 예수님은 절박한 필요를 보고 피하지 않으셨다. 행동하지 않는 것을 정당화하려고 안식일 규례를 이용하지도 않으셨다. 나태한 사람들과는 대조적으로, 예수님은 아버지께 완전히 반응하셨다. 그는 곧바로 행동으로 옮겨 그 사람에게로 돌아섰다.

하지만 예수님은 결코 일중독자가 아니었다. 예수님은 자신의 한계를 알고 계셨고 자기충족에 대한 어떤 환상도 품고 있지 않으셨다. 예수님은 단호하게 말씀하셨다. "내가 진실로 진실로 너희에게 이르노니 아들이 아버지께서 하시는 일을 보지 않고는 아무것도 스스로 할 수 없나니"(요 5:19). 자기 자신과 하나님에 대해 근본적으로 알고 있는, 예수님과 같은 사람들은 결코 일중독에 빠져들지 않는다. 효과적이면서도 경건한 행동의 열쇠는 우리가 속한 세상에서 하나님이 일하시는 것을 보는 것이다. 이러한 내적 시각은 분별력을 요구하는데, 그것은 우리로 하여금 추수 때를 대비하여 양식을 모으는 개미처럼 일할 수 있도록 돕는다(잠 6:6-11).

큰 일과 작은 일 모두에서 신실해지고자 결심할 때 우리는 나태의 뿌리를 자를 수 있다. "하나님을 섬길 수 있는 큰 기회는 잘 나타나지 않지만, 작은 기회는 자주 나타난다." 영적 생활로 인도하는 고전인 「경건한 삶으로의 안내」를 쓴 프랜시스 드 살레(Françis de Sales)는 이렇게 말한다.[5] 집안일을 하면서 평화로워지는 것을 배울 때 우리는 우리 목을 조르는 나태에서 벗어난다. 또 조용히 설거지를 하고 "하나님을 향한 사랑과 감정으로 충만하고 기쁨으로 자질구레한 허드렛일을 하면서"[6] 자유해진다. 목사가 의자를 정렬한다. CEO가 사무실 쓰레기통을 비운다. 매니저가 동료의 제라늄 화분에 물을 준다. 하나님을 기쁘시게 할 수 있는 아주 작은 의무들은 일터와 이웃을 포함한 우리 주변에 늘 있다. 이 점에서 마더 테레사는 아주 좋은 본보기였다. 앤(Ann)과 자넷 페드리(Jeanette Petrie)가 감독한 감동적인 다큐멘터리 영화 "마더 테레사: 유산"(Mother Teresa: The Legacy)에서 그녀는 거친 목소리로 이렇게 말했다. "이생에서 우리는 위대한 일들을 할 수 없습니다. 위대한 사랑으로 작은 일을 할 수 있을 뿐입니다."

안식일의 실천-24시간 동안 일을 쉬는 것-은 나태를 극복하기 위한 과정이 될 수 있다. 어떤 수준의 생활방식을 유지하기 위해 아주 고된 일을 반복하는 사람들에게 이것은 절대적으로 필요하다.[7] 안식일은 단지 일을 그치는 것이 아니다. 안식일은 "졸지도 주무시지도 않으시는"(시 121) 하나님께 우리의 일을 맡길 때 우리 삶이 어떤 의미를 갖게 되는지 하나님의 관점으로 보게 해준다.

실천 과제

1. 앞서 열거한 다섯 가지 유형을 (기분파 아이린에서 진취적인 이블린까지) 다시 살펴보라. 이 유형 가운데 어떤 것들이 당신 안에 자리잡고 있는가? 만약 있다면, 일에 대한 당신의 태도를 바꿔 달라고 하나님께 간절히 기도하라. 당신의 소망이 무엇이며 어떤 구체적인 진전이 있는지 친구와 나누어 보라.

7
질투: 남이 잘되는 것을 괴로워 함

갈등	열매	결과
질투 다른 사람이 잘되거나 재산이 늘어나는 것을 보고 괴로워 하는 것	친절 다른 사람의 재능과 성취를 기뻐하고 그들을 편안하게 해주는 것	이웃 사랑 다른 사람의 필요를 채우고 그들의 안녕을 위해 기여하는 것

앨빈   인정하기 싫지만 저는 다른 사람이 잘될 때 기분이 좋지 않아요.

폴   구체적인 예를 말씀해 주시겠어요?

앨빈   아주 사소한 일인데요. 회의 중에 동료가 일어나 화이트보드에 차트를 그리기 시작했어요. 진짜 잘 만들더라고요. 박스 안에 또 박스를 넣고, 핵심 사항을 표시하고, 화살표로 서로 연결하고. 모든 사람의 피드백을 통합시켰어요. 전략, 목표, 다음 단계, 세부 계획 등 모든 것이 그 표에 담겨 있었어요. 한 번에 완벽한 차트를 그린 것이죠. 가장 중요한 것은 그가 팀에 활기를 불어넣었고 모든 사람에게 자극이 되었다는 사실이에요. 저도 동료니까 당연히 기뻤어야 했는데, 순간 이런 생각이 들었어요. "나는 왜 저렇게 못할까?" 그처럼 능숙한 솜씨와 경험을 갖추지 못한 제가 한심스러웠어요.

폴   질투와 싸우지 않는 사람은 없답니다. 특히 일터에서는요. 일터에서 우리는 다른 사람들의 업적과 우리의 업적을 쉽게 비교하게 됩니다. 목사이자 퓰리처상 수상자인 프레드릭 뷰크너(Fredrick Buechner)는 "질투는 다른 사람들도 나처럼 실패하기를 바라는 강렬한 욕망이다"라고 말했지요.[1]

앨빈   저는 질투가 어떻게 저를 '어두운 사람'으로 바꾸어 놓는지 알아요. 자신의 재능을 가치 있게 여기고 다른 사람의 재능을 기뻐하기보다는, 스스로 자책하고 그들의 업적을 헐뜯지요. 참 끔찍한 일이에요.

폴   그래도 당신은 질투의 초기 증상을 알고 있잖아요. 질투가 자신을 집어삼키는데도 그 사실을 전혀 모를 수도 있어요.

질투 다시 생각하기

질투는 일곱 가지 대죄 가운데서도 근본적인 죄에 해당한다. 고대의 영적인 교사들은 질투를 자만과 더불어 가장 고치기 어려운 치명적인 죄로 여겼다. 음욕이나 분노보다 훨씬 심각한 것으로 간주한 것이다. 질투는 시기심과 야심을 하나로 녹여 결합시킨다. 그것은 마귀의 것으로 일컬어지기도 했다(약 3:16). 또 이것은 다른 악덕들을 자석처럼 끌어당겨 그 치명적인 죄악들의 효과를 심화시킨다. 히포의 성 아우구스티누스는 질투를 사악하다고 말했다. 이웃의 불행을 보면서 기뻐하고 잘되는 것을 보면서 화를 내기 때문이다.[2]

따라서 많은 신학자들과 영적 지도자들은 질투나 시기를 분노보다 치명적인 것으로 여긴다. 잠언의 저자는 이렇게 말했다. "분은 잔인하고 노는 창수 같거니와 투기 앞에서야 누가 서리요?"(잠 27:4) 질투는 몸 안의 암세포와 같이 우리 내면의 존재를 먹어치워 버린다. 질투는 "뼈를 썩게 한다"(잠 14:30).

히브리 성경에서 질투는 보통 시기, 경쟁, 그리고 잘못된 열정과 관련 있다. 우리는 질투가 선한 동기를 왜곡시키는 것을 보게 된다. 그 마지막 결과는 언제나 참혹하다. 가인은 하나님의 인정을 간절히 바랐지만 질투에 빠져 사랑하는 동생을 죽였다. 라헬은 아기를 갖지 못해 언니의 임신을 질투했다. 백성의 인정을 받고 싶었던 사울은 질투에 눈이 멀어 (문자 그대로) 미쳐 버렸고, 부하 다윗을 잡아 죽이려고 군대를 모았다. 이러한 예는 예수님을 죽음으로 내몰았던 대제사장들의 행동에서도 확인할 수 있다. 이 종교지도자들은 민족의 선을 위해 그런 선택을 했다고 확신했지만, 복음서 기자들은 그 대제사장들이 '질투심' 때문에 그렇게 했다고 지적했다 (마 27:18).

역설적이게도 우리는 덕이 자랄수록 질투에 빠지기 쉬워진다. 베드로는 예수님의 용서를 받고 양을 먹이라는 사명을 받은 후에도 주님이 동료 제자를 더 좋아하시는 것은 아닌지 궁금해했다. "요한은 어떻게 되겠습니까?" 베드로는 예수님께 슬쩍 여쭈어 보았지만, 예수님은 베드로에게 네가 간여할 바가 아니라고 간명하게 대답하셨다.

일터에서의 질투

질투는 우리 자신을 주변 사람이나 윗사람과 비교할 때 시작된다. 우리 마음속에서는 종종 이렇게 말하는 소리가 들린다. "내 옆에 앉은 저 게으르고 아주 짝에도 쓸모없는 인간이 아니라 내가 자격이 있어." "왜 저 사람은 승진했는데 나는 제외됐지?" "내가 왜 이런 부당한 대우를 받아야 하지?"

이러한 비교는 우리의 처지를 원망하게 하고 다른 사람에게 부여된 사명을 질투하게 만든다. 가사 일을 맡은 주부는 눈에 보이지 않는 자신의 지위를 원망하며, 직장에서 공적인 칭찬을 받는 남편을 질투한다. 우리는 자신에게 주어진 과업은 하찮게 여기면서, 성공가도를 달리고 있는 다른 사람의 프로젝트에 질투어린 시선을 던지기도 한다. 오늘날 대부분의 회사가 승자에게 상을 주는 방식으로 돌아간다는 사실은 변명거리가 되지 않는다. 그렇다고 우리가 시기하는 조직이나 경쟁자의 명성을 깎아내리는 행동이 용납되는 것은 아니기 때문이다.

질투는 회사 정책, 사회 규범, 그리고 법규로 정당화되어, 가진 자와 가지지 못한 자 사이에 커다란 갈등을 일으킬 수 있다. 타이틀을 즐기는 사람들은 (회사 경영진이든 정치 지도자든 특정한 사회단체든) 종종 그들에게 주어진 권리와 특권에 집착한다. 그것 때문에 다른 사람이 고생을 한다 해도 말이다. 한편 울분에 가득 찬 가지지 못한 자들은 특권을 가진 자들이 벌을 받을 날만을 고대하고 있다. 그러나 두 경우 모두에서 볼 수 있듯이, 질투는 다른 사람을 끌어내리는 행동을 하게 한다. 20세기 문학 비평가이자 작가인 도로시 세이어즈(Dorothy Sayers)는 질투를 '가장 탁월한 평등주의자'라고 불렀다. 다같이 상향평준화될 수 없다면 다같이 하향평준화할 것이기 때문이다. 세이어즈는 "질투는 나보다 다른 사람이 더 행복해지도록 놔두기보다는, 우리를 똑같이 비참해지도록 만들고자 한다"라고 말했다.[3]

그리스도인들 가운데서 질투는 영적인 경쟁으로 나타날 수 있다. 우리는 자신보다 설교를 더 잘하고, 더 잘 가르치고, 기도를 더 잘하는 사람을 질투하기 쉽다. 질투가 사악한 이유는 초기에는 선한 동기와 섞여서 시작되기 때문이다. 사실 매력 있는 성격, 효과적인 사역, 세련된 교양, 명랑한 아이들, 겉보기에 아무 문제 없는 생활 등 더욱 나아지고자 하는 욕구가 질투를 불러일으키는 장본인이 될 수 있다. 우리는 '거룩한' 것들-교회 위원회 참여, 신학 교육, 지혜로운 지도자로 다른 사람들의 인정을 받는 것-을 간절히 바랄지도 모른다. 그러나 질투 때문에 고통스럽다는 것을 인정하는 사람은 거의 없다. 우리는 자연스럽게 질투의 추한 모습을 은폐하는 법을 배운다. 우리가 우리 안에 있는 질투의 해악을 인지하기 어려운 까닭이 바로 이것이다.

일터에서 나타나는 다른 죄악들처럼 질투 역시 발전해 간다. 이것은 머리에서 시작해, 감정으로 침투해 들어오고, 혀로 미끄러져 내려와, 행동으로 나타난다.

1. 살피기: 질투는 주변을 살피는 것으로 시작된다. 자신을 자신과 비슷한 사람과 비교하여 평가하는 것이다. 이 사람은 얼마나 벌지? 어떤 차를 몰고, 어떤 옷을 입고, 무엇을 보고, 무엇을 할까? 당신은 신경이 쓰이고 불쾌해진다. 그러나 이 단계는 죄를 지은 것이 아니다. 당신은 단지 살피고 있을 뿐이다.

2. 자기연민: 주변을 살피면 살필수록 자신이 딱하게 느껴진다. 당신은 그의 성공 때문에 역겨움을 느낀다. 영광은 그 사람이 아닌 당신이 받아야 마땅하다고 생각하기 때문에 낙담한다. 이 단계에서 질투는 당신의 생각 속으로 침투한다.

3. 게릴라전: 당신의 생각과 불안, 그리고 화를 말로 나타낸다. 뒷말을 하고, 소문을 퍼트리고, 비딱한 칭찬과 마음 내키지 않는 찬사로 그 사람의 업적을 소심하고 은근히 깎아내릴 궁리를 한다. 이 단계에서 당신은 질투의 언어를 사용해 적극적으로 죄를 짓고 있다.

4. 전면전: 당신의 말은 행동이 된다. 당신은 그의 명성을 어떻게 적극적으로 무너뜨릴 수 있을지, 혹은 그에게서 어떻게 행복을 빼앗을 수 있을

지 밤낮으로 음모를 꾸민다. 직접적으로든 간접적으로든 그를 괴롭히려고 공모자들을 끌어모으기까지 한다. 당신은 이제 질투의 노예가 되어 버렸다. 그리고 바로 지금, 당신은 아마도 사무실에서 가장 비참한 사람일 것이다.

질투 극복하기

질투를 치료하는 쉬운 방법은 없다. 우리는 이 카멜레온 같은 적군을 늘 경계해야 한다. 다음의 네 가지를 제안한다.

- 당신의 눈을 조심하라. 당신은 다른 사람과의 비교거리를 눈으로 찾고 있다. 그것이 무엇인가?
- 더 이상 스스로를 딱하게 생각하지 말라. 불쑥 찾아드는 '나는 불쌍해'라는 생각과 말을 경계하라.
- 이웃이나 동료의 평판을 손상시키는 것은 아무리 작은 소문이라 할지라도 퍼트려서는 안 된다.
- 하나님이 당신에게 주신 모든 것, 그것이 크든 작든 모든 것에 감사하는 연습을 함으로써 질투를 죽여라.

우리는 이웃을 내 몸같이 사랑하라는 예수님의 말씀에서 욕심 많은 질투의 속성과 정반대되는 것을 찾을 수 있다. 질투는 일곱 가지 대죄 가운데 십계명에 올라 있는 유일한 것이다. "네 이웃의 소유를 탐내지 말라"(출 20:17). 우리가 이 계명을 적극적으로 받아들일 때, 두 가지 질문이 우리를 도전한다. 첫째, 우리는 우리가 받은 것이 무엇이든 감사할 수 있을 만큼 충분히 하나님을 사랑하는가? 둘째, 이웃이 무엇을 소유하고 있든 상관없이 그 이웃을 사랑하는가?

우리는 이웃을 사랑함으로써 성령의 열매인 친절을 체화한다. 우리는 동료의 재능과 업적을 보면서 마치 우리의 것인 양 기뻐한다(약 2:8). 또한 말과 행동으로 사람들을 깎아내리는 대신 다른 사람들을 편안하게 해준다.

실천 과제

1. 최근 일터에서 질투를 느낀 일이 있다면 떠올려 보라. 당신은 질투의 어느 단계(살피기, 자기연민, 게릴라전, 전면전)에 있었는가? 고백의 기도문을 쓰고, 하나님께 치료해 달라고 간구하라.

2. 당신에게 기쁨을 주는 것 대여섯 가지를 매일 확인하라. 그것을 주신 하나님께 감사하라.

8
동요: 달아나고 싶은 충동

갈등	열매	결과
동요 늘 지금보다 나은 곳이 있으리라 느끼고 불안정한 것	인내 의미와 희망을 갖고 자신의 자리를 계속 지킬 수 있는 것	소명에 대한 확신 하나님의 뜻 안에서 하나님의 일을 하고 있다고 확신하는 것

폴   앨빈, 당신은 여섯 가지 분야에서, 여섯 가지 직업을 가지고, 네 나라를 돌며 일해 왔습니다. 아직도 30대고요. 마음이 안정되지 않아서, 또는 어딘가에 더 나은 곳이 있을 것 같다는 생각에 힘들었던 적이 있나요?

앨빈   물론이에요. 우리는 단기간에 여러 회사와 여러 분야를 옮겨 다니며 기술과 재능을 쌓을수록 인정을 받는 비즈니스 문화에서 살고 있어요. 새로운 기술을 획득하기 위해 끊임없이 자신을 혹사시켜 온 저는 동요(restlessness)라는 보상을 받은 셈이지요.

폴   자신에게 꽤 만족하는 것 같은데요.

앨빈   조금은요. 혹시 동요가 영적인 병이라고 생각하시나요?

폴   그럴 수도 있죠. 당신이 끊임없이 움직인다면, 또는 끊임없이 문제로부터 도망친다면, 진정한 자아를 발견할 수 없을 거예요. 해묵은 문제들은 언젠가 표면 위로 떠오르는 법이거든요. 당신이 옛날 회사에서 약속을 지키는 데 문제가 있었다면, 아마도 새 회사에서는 이를 고치기 위해 지나치게 약속을 하고 결국 잘 이행해 내지 못할 거예요. 또 너무 많이 돌아다니는 사람은 성찰의 능력을 상실하기도 한답니다.

앨빈   아, 그렇다면 저는 이 문제에 관해 더 깊이 성찰을 해 봐야 할 것 같네요.

동요 다시 생각하기

어떤 종류의 일들은 실제로 우리를 동요하게 만든다. 책상에 앉아 꼼짝없이 광고 카피를 짜내는 작가, 큰 냄비에 당근을 썰어 넣는 막내 요리사, 형편없는 논술 시험지를 채점하는 고등학교 교사, 엑셀 시트를 겨우 다 채운 회계사. 지속적인 스트레스, 단순 반복, 혼자서 하는 업무 등은 우리의 정신을 산만하게 하거나 다른 일로 달아나고 싶은 충동을 느끼게 한다. 하지만 흥미로운 일을 하는 사람들도 참을 수 없는 동요를 느낄 때가 있다. 사람들은 자신들이 잘못된 직업을 택해 고생하고 있거나, 출세 길을 찾고도 만족하고 있지 못하다고 생각한다. 그들은 저 바깥에 더 나은 것이 있다는 생각을 떨쳐 버리지 못한다.

내면생활에 관한 탁월한 직관력과 이해력을 가졌던 4세기 신학자 폰투스의 에바그리우스는 이러한 생각과 감정을 아케디아(*acedia*)로 분류했는데, 현대어에는 이것에 해당하는 적절한 말이 없다. 아케디아는 우리 마음을 교란시키고, 의기소침하게 하고, 우리가 처한 환경에 감사할 줄 모르게 하는 심각한 동요를 의미한다. 급속한 이동, 빈번한 이직, 그리고 세계화를 특징으로 하는 우리 문화에서 동요는 불가피한 요소처럼 보일 수 있다. '길 위의 전사'나 '글로벌 노마드'로 불리는 것은 특권처럼 여겨지기도 한다. 그러나 에바그리우스에게는 그렇지 않았다. 에바그리우스는 아케디아를 예수 그리스도에 대한 충성에서 멀어지게 하는 여덟 가지 치명적인 생각들[1] 중 하나로 분류했다.

아케디아는 '정오의 악마'라고 불렸는데, 보통 낮 동안에 가장 큰 힘을 발휘하기 때문이다. 아케디아는 가장 기본적인 수준에서조차 현재의 환경, 우리의 일, 그리고 심지어 삶 자체를 경멸하게 만들기 때문에 매우 치명적이다. 이 영적인 질병은 또한 우리 힘이 미치지 못하는 것을 애가 탈 정도로 원하게 만든다. 우리는 미친 듯이 이곳저곳을 내달리면서 설명할 수 없는 갈망을 충족시켜 줄 무언가를 찾는다. 수도원 학자 윌리엄 함리스(William Harmless)는 이렇게 쓰고 있다.[2] "아케디아는 증오와 욕망이 뒤엉킨 싸움이다." 선지자 이사야는 쉼 없이 움직이는 사람을 '진흙과 더러운 것을 늘 솟구쳐 내는 요동하는 바다'에 비유했다(사 57:20-21).

하지만 모든 형태의 동요가 해로운 것은 아니다. 성경에 나오는 야곱이나 사마리아 여인 같은 인물은 그러한 동요를 체험했다. 야곱은 이곳저곳으로 방황하며 끊임없이 축복을 구했지만 진정 원했던 것을 찾지 못했다. 마찬가지로, 익명의 사마리아 여인은 정오의 태양 아래 서성거리며 무엇인가를 깊이 갈구했다. 그들의 동요는 궁극적으로 그들을 하나님의 품안으로 이끌었다. 탁월한 신학자 히포의 성 아우구스티누스는 「고백록」에서 이렇게 말했다. "오, 주님, 당신은 당신을 위해 우리를 지으셨으니 우리 마음은 당신 안에서 안식을 얻기까지 평안을 누릴 수 없습니다."[3]

일터에서의 동요

동요의 첫 번째 신호는 우리가 맡은 일을 건성으로 처리할 때, 즉 몸은 여기 있지만 정신은 다른 데 가 있을 때 나타난다. 우리는 점차 우리의 책임을 나 몰라라 하기 시작하고, 그 일은 다른 사람들이 해야 할 일이라고 말하면서 자신의 행동을 정당화한다. 우리는 사무실에서 신기한 기술을 터득한다. 즉, 손과 발을 사용해 우리 앞에 놓인 업무를 다른 사람의 책상 위로 휙휙 넘겨 버리는 것이다. 일터에서 열이 없는 사람이 되어 가고 있는 그 순간, 우리는 어디 먼 곳에서 하나님을 위한 위대한 일을 할 수는 없을까 하고 공상을 한다. 이를테면, 고통받는 주민들을 위해 산악 지대로 의료품을 운반하는 선교사들을 돕는 것 말이다.

아케디아는 일터에서 사람들을 교묘하게 괴롭힌다. 당신은 직업을 바꾸거나 경력을 더 쌓거나 헤드헌터의 전화를 기다리는 상상을 끊임없이 하고 있지 않은가? 때로 이것은 더 심각한 문제를 가린다. 예를 들면, 3년 만에 직업을 네 번이나 바꾸었는데도 매번 부딪히던 문제가 (심지어 더 강력해져서) 새 일터로 부메랑처럼 되돌아올 수 있다는 말이다. 풀지 못한 인간관계나 오해는 특히 그렇게 될 가능성이 높은데, 이것이 당신이 걸어온 길이라면 달아난다고 해도 소용없다. 그것은 문제를 더욱 악화시킬 뿐이다.

6세기 공동체 생활의 전문가, 누르시아의 베네딕트(Benedict of Nursia)는 '사라바이트'(sarabite, 교권으로부터 독립해 독자적인 신앙 노선을 택한 경건주의 분파-역주)나 '지로바그'(gyrovague, 일명한 거처나 지도자 없이 방랑생활을 한 중세 수도사들-역주)의 생활방식을 수용하지 못하도록 수도사들에게 경고했다. 이들은 항상 이동하면서 결코 한곳에 정착하지 않는다. 또한 공동체에 뿌리를 내리지 않는다. 베네딕트는 이런 끊임없는 이동과 뿌리 없는 삶은 결국 타락으

로 귀결된다고 말했다.[4]

 일에 관해 우리는 사라바이트나 지로바그처럼 행동하지 않는가? 당신은 삶의 법칙을 따르고 있는가? 아니면 그저 좋아하는 곳으로 가서 좋아하는 일을 하고 있는가?

동요 극복하기

 동요하는 마음에 맞서 싸우기 위한 첫 단계는 달아나지 않기로 선택하는 것이다. 우리가 지금 있는 곳에서 (비록 일시적이더라도) 뿌리를 내리기 위해서는 일, 가족, 공동체, 그리고 국가에 좋을 때나 나쁠 때나 전념해야 한다. 하나님이 현재의 상황 속에서 우리를 가르치고 싶어 하신다는 것을 반드시 알아야 한다. 4세기 문학에 나오는 사막 수도사들에 관한 짧은 이야기에 보면, 영적인 조언을 구하기 위해 늙은 수도사를 찾아 먼 길을 여행한 한 젊은이가 나온다. 늙은 수도사는 그 젊은이가 자신의 '방', 즉 일하고 기도하라고 부름받은 훈련 장소에서 달아나려고 애쓰고 있다는 것을 알아차렸다. 그래서 그는 젊은 수도사에게 이렇게 충고했다. "자네의 방 안에 머물게나. 그러면 그 방이 자네에게 모든 것을 가르쳐 줄 걸세."[5]

 지금 있는 곳에 머물기로 선택한다면, 당신은 다음의 것들을 발견할 수 있다.

 1. 당신은 실제 그대로를 보게 된다. 더 이상 만약이라는 백일몽에 빠져 환상의 세계에 살지 않는다. 단기적인 일자리를 찾아다니는 대신, 먼저 자기 자신을 바꿔야 한다는 것을 깨닫는다. 아니, 더 정확히 말하면 당신은 이

제 하나님에 의해 변화될 준비가 되었다. 당신은 가족, 동료, 이웃, 동포들과 떨어질 수 없음을 깨닫는다. 따라서 그 상황 속에서 최선을 다하는 편이 더 낫다고 결론내린다. 이제 당신은 경청하기 시작한다. 당신이 무시했던 사람들, 사건들, 그리고 문제들에 더 관심을 기울이게 된다. (있는 그대로를 본다는 것은 머무는 것보다 떠나야 할 상황도-해로운 일터에서 일하거나 착취당하는-있을 수 있다는 의미다.)

2. 당신은 현재 상황이 성숙한 삶을 만들어 나가기 위해 꼭 필요한 토양이라는 것을 알게 된다. 결혼한 사람이 수도사의 장기적인 고독을 꿈꾸어 봤자 아무 소용이 없다. 중간 관리자는 대학생이나 CEO의 생활을 갈망해서는 안 된다. 17세기 영적 지도자 프랜시스 드 살레는 말했다. "이런 쓸모없는 욕구는 우리가 마땅히 가져야 할 덕성-인내, 수용, 내려놓음, 순종, 고통 가운데 온유함-의 자리를 강탈한다. 이것들은 하나님이 바로 지금 실천하기를 바라시는 것들이다."[6]

3. 달아나지 않고 언제 움직여야 하는지 아는 지혜를 얻게 된다. 당신은 하나님을 의지하여 낮은 곳으로 내려가고, 손에 쥔 것을 내려놓고, 자신을 내어 주라는 하나님의 부르심에 더욱 민감해진다. 아브라함처럼 말이다. 때로 이 부르심은 지금 있는 곳에 앞으로도 계속 머물겠다고 생각하는 순간 갑자기 찾아오기도 한다. 그러나 분명한 것은; 도망가고 싶은 욕구와 싸우는 동안에는 찾아오지 않을 것이라는 사실이다.

4. 당신은 당신이 바라는 것이 아니라 실제로 가지고 있는 재능과 소질을 좋아하게 되고 또 사용하게 된다. 그 반대도 마찬가지다. 당신은 더 이상 하나님을 섬긴다는 명목으로 더 많고 더 좋은 재능을 얻으려는 허황된 꿈을 꾸지 않는다. 대신 하나님이 이미 주신 기술과 능력을 갈고닦는 인내의 과정을 시작한다.

시대를 막론하고 모든 영적 스승들은 우리가 현실적으로든 정신적으로든 도망가지 않기로 선택할 때 궁극적으로 사랑 안에서 성장할 것이라고 말한다. 우리는 헌신과 성실을 배운다. 우리는 더 이상 짙은 초록의 목장으로 내달리고 싶은 충동을 받지 않는다. 우리는 더 자주 하나님의 성실하심을 발견한다. 또 우리의 안전이 하나님 안에 있음을 알게 된다. 지금 모습 그대로, 지금 우리가 가진 것에, 지금 우리가 있는 곳에 만족한다. 우리는 하나님이 우리가 있기를 바라시는 곳에 있다. 그래서 우리는 자유롭다.

실천 과제

1. 인생의 시간표를 그리고, 지금까지 당신이 해온 중요한 업무나 직업이 바뀐 시기를 적어 넣으라.

- 도망가고 싶은 욕구가 동기가 되어 직업을 바꾼 적이 있는가?
- 각 시기마다 당신에게 영향을 주었거나 어떻게 일을 해야 하는지를 가르쳐 준 사람들의 이름을 떠올려 보라.
- 각 상황에서 당신은 무엇을 배웠는가?
- 힘들거나 어려운 상황을 겪으며 당신이 성장한 것에 대해 하나님께 감사하라.

9
권태: 일터에서 점점 죽어감

갈등	열매	결과
권태 일과 삶에 대한 진심 어린 열정이나 관심이 부족한 것	평화 어떤 상황에서도 온전함과 조화에 대한 열망을 갖는 것	마음을 천국에 둠 자신의 일을 영원의 관점으로 보며 의미와 기쁨을 가지는 것

앨빈 경제 활동을 하는 그리스도인들에게 권태가 심각한 영적 문제일까요? 우리 대부분은 권태롭기보다는 지나치게 많은 자극을 받고 있는데 말예요. 일을 하면서 권태감 때문에 괴로웠던 적이 있나요?

폴 저는 일 년 내내 공무원처럼 일하느라 따분해 죽는 줄 알았답니다. 반복적인 단순 업무가 꽤 많았거든요. 아주 지루했어요. 아내가 제게 삶의 모험의 관한 책을 건네줬을 정도니까요! 앨빈, 당신도 일하면서 권태로웠던 적이 있나요?

앨빈 저는 지금까지 신속한 진행, 혁신, 창의력을 요하는 회사에서 일해 왔어요. 그 회사들은 자기 일을 사랑하고 회사를 위해서라면 장거리 여행도 마다하지 않는 '바쁜 직원들'에게 보상을 해주었지요. 교수님의 질문에 대답하자면, 지겹지 않아요. 아직은요….

폴 아직이라고요?

앨빈 모든 것을 쏟아붓는 일은 오히려 권태와 정반대되는 것을 만들어 낼 가능성이 있지요. 일이 항상 긴장의 연속이고 변동과 이동이 끊이지 않으며 자극적이라면, 감각에 과부하가 걸릴 수 있어요. 저는 7, 8년간 해외 주재원으로 근무하면서 그 지역의 위기, 갈등, 재난에 관한 보고서를 작성하며 지냈습니다. 처음에는 설레고 흥분되었지만, 시간이 지나자 일종의 권태가 찾아오더군요. "해 아래 새 것이 없나니." 저와 동료들은 정치, 섹스, 부패, 환경 등(나머지는 상상에 맡기겠어요)과 관련된 각종 스캔들을 적당히 무마시키느라 한숨을 쉬었습니다.

폴 일이 권태로워지면 우리는 일터에서 '천천히 죽어간다'고 느끼게 되지요. 그건 마치 가슴 한쪽이 떨어져 나가는 것과 같아요. 육체노동에서든 정신노동에서든 의미를 찾지 못합니다. 우리의 감각, 감성, 그리고 지성은 더 이상 작동하지 않습니다. 결국 우리 자신을 살려 낼 그 어떤 에너지도 끌어내지 못하지요.

권태 다시 생각하기

문화적으로 북미의 분위기는 '너무 지루해 죽을 지경'이다. 사람들은 배우자, 학교생활, 그리고 섹스에 따분해한다. 일, 교회, 기도, 심지어 텔레비전에 대해서도 그렇다. 조사 결과를 보면, 북미에 사는 사람 중 절반 정도가 일시적이거나 지속적으로 따분함을 느낀다.[1] 오락과 재미에 수억 달러를 들이는 사회에서 참으로 아이러니한 일이다.

권태는 일과 삶에 마음을 다하려는 열정과 관심이 부족한 데서 시작한다. 이것은 감정의 부재로, 정서적 지루함, 수동성, 그리고 하나님을 포함한 모든 것에 대한 관심이 결여되는 것으로 이어진다. 이는 우리를 하나님에게서 멀어지게 하고, 인간관계를 파괴하며, 일종의 자기 죽이기로 발전하기도 한다. 따라서 권태는 죄라기보다는 오히려 죄의 징후로서 하나님, 삶, 그리고 우리 자신과 맺고 있는 관계가 깨져 버렸다는 신호다. 로마서 1장에서 바울은 하나님께 경배하고 감사하지 못하는 것이 근본적인 죄라고 말했다. 이 일차적인 죄로부터 다른 죄들-권태의 변종인 허망한 생각(1:21)이 포함된-이 나온다.

우리는 영화를 보고, 유튜브 동영상을 다운받고, 머리를 쓰지 않는 오락거리를 찾으면서 권태를 달랠 수 있다. 그러나 위대한 기독교 철학자 키르케고르는 권태를 다른 대죄들에 이르는 통로라고 생각했다.[2] 권태가 어떻게 죽음에 이르게 하는지 보여 주는 고전적인 사례가 성경에 나와 있다. 평소 같으면 병사들과 함께 전쟁터에 나가 있었을 다윗 왕은 어느 날 출전하지 않고 예루살렘에 남아 있었다. 따분함을 느낀 그는 옥상을 거닐다 이웃 여인 밧세바의 목욕하는 장면을 보게 되었고, 공상, 음욕, 간통, 거짓말, 배신, 그리고 살인으로 이어지는 길을 내달리고 말았다.

하지만 모든 권태가 죄에 이르는 것은 아니다. 잠시 동안 바쁜 프로젝트에서 벗어나 공상에 잠기는 것은 나쁜 일이 아니다. 또 집중해야 할 새로운 일을 시작하기 전에 일시적인 권태가 찾아오기도 한다. 여가를 즐기고자 한다면 의식적인 생각에서 벗어나 자유로워져야 하기 때문에, 약간의 공상은 정신이 건강하다는 신호일 수 있다. 흥미로운 것은, 하나님을 기다렸던 사람들 역시 종종 권태와 씨름했다는 사실이다. 삶의 의미에 대해 질문했던 전도서의 저자는 모든 것이 '해 아래서' 새롭지 않다는 사실을 깨달았다. 또한 시편 저자는 권태를 우리 영혼을 쇠약하게 하는 슬픔에 비유하며 이렇게 탄식했다. "나의 영혼이 눌림(권태)으로 말미암아 녹사오니 주의 말씀대로 나를 세우소서"(시 119:28). 그리고는 전도자와 시편 저자 모두 하나님을 추구하면 권태의 무기력을 극복할 수 있다고 결론내렸다.

일터에서의 권태

권태는 단순히 활동의 부재가 아니다. 바쁘면서 동시에 따분할 수 있다. 오히려 권태는 자극이 너무 없거나 너무 많을 때 발생한다. 끝날 줄 모르는 회의, 반복되는 서류 작업, 그리고 사무실 관료주의와의 갈등 때문에 우리는 권태에 빠진다. 권태는 무언가 변화를 일으킬 기회가 제한되거나 단조로운 일들에 파묻힐 때 생겨난다. 따분해진 직원들은 조직이 그들의 능력과 지식을 제대로 평가하고 사용하지 않는다고 느낀다. 그들은 사기가 꺾여 마음을 딴 데로 돌리거나 희망을 버린다. 권태는 우리를 일과 동료로부터 단절시키며, 일하는 공간을 감옥처럼 느껴지게 만든다. 임원 자리에 올라온 사람일지라도 이런 질문을 피해갈 수 없다. "이것이 인생의 전부인가?"

일에 권태가 찾아오는 것은 불가피하다. 블레즈 파스칼(Blaise Pascal)은 권태가 인간이 처한 상태의 일부임을 알았다. 그는 이렇게 말했다. "인간은 권태에 빠질 이유가 전혀 없음에도 불구하고 타고난 본성으로 인해 권태에 빠지는 불행한 존재다."[3]

권태 극복하기

대부분의 영적 만성질환이 그렇듯, 권태도 정공법으로 치료할 수 있는 것이 아니다. 권태를 치유하기 위한 여정을 시작하기에 앞서, 우리는 권태 때문에 받은 상처를 하나님 앞에 겸손하게 인정해야 한다. 그러고 나서 하나님의 은총을 구해야 한다. 하나님은 성령을 통해 우리에게 평화를 주신다. 우리가 처해 있는 상황이 어떻든지 간에, 평화는 하나님이 주신 온전함과 조화에 대한 열정을 우리 안에 불어넣는다. 그리스도의 평화는 우리 내면에서부터 차올라 권태를 내쫓는다.

다음은 권태에서 그리스도 안에 있는 평화로 나아가기 위한 몇 가지 지침들이다.

1. 권태를 간절한 기다림으로 바꿔라. 권태는 우리 영혼에서 무언가가 사라졌다는 것을 보여 주는 지표인데, 이것으로는 권태의 뿌리와 우리 마음속 불가사의한 욕망을 진단해 낼 수 없다. 따라서 우리가 할 수 있는 것은 기도하며 하나님께로 방향을 돌리는 것이다. 기다림이 지겨울 수도 있지만, 야곱이 그랬던 것처럼 적극적으로 하나님께 질문하고, 시편 저자가 그랬던 것처럼 하나님의 말씀을 듣기 위해 하나님께로 돌아설 때 권태는 묵상이 될 수 있다.

2. 안식일을 지킴으로 영원의 관점을 얻어라. 권태에 대한 답은 대다수의 지도자나 부모들이 충고하는 것처럼 단순히 더 열심히 일하는 것이 아니다. 권태에 빠진 사람들은 일을 덜 할 필요가 있으며, 안식일을 지키는 법을 배워야 한다. 안식일은 영원에 대한 감을 잃어버린 우리의 정신을 깨우기 위해 하나님이 택하신 방법이다. 우리의 우선순위를 회복하고 하나님의 임

재를 축하하는 일주일의 첫날인 것이다. 세상은 (안식일 없이) 일과 여가를 제공한다. 그러나 성경은 (얼마간의 여가와 더불어) 일과 안식일을 제공한다.

3. 의미 있게 일을 하고, 사람과 일과 상황에 더욱 주의를 기울임으로써 묵상하는 생활방식을 개발하라. 권태는 싸워서 짓밟는다고 정복할 수 있는 것이 아니다. 오히려 하나님을 향한 열정을 회복할 때 우리 마음에서 쫓아 버릴 수 있다. 키르케고르가 말했듯이, 인간은 (진정한) 자아와 하나님과 삶을 사랑하는 피조물이 되는 데는 실패했다.[4] 파스칼은 치열한 고민을 통해 권태를 극복하는 방법이 신앙의 행동이 아닌 은총에 있다고 주장했다. "행복은 우리 안에도 밖에도 있지 않다. 그것은 우리 안에도 밖에도 계시는 하나님 안에 있다."[5]

실천 과제

1. 일터에서의 전형적인 하루를 생각하며 언제 권태로운 순간이 찾아오는지 확인하라.

- ○ 권태가 개인적 요인(당신의 기질과 기분)에서 비롯된 것인가, 환경(일터의 문화나 일의 특징)에서 비롯된 것인가?
- ○ 뭔가 새로운 일을 해야겠다는 상상을 얼마나 자주 하는가? 활기를 유지하기 위해 끊임없이 흥분이나 자극에 의존하지는 않는가?

2부
일터 영성을 되살리는 아홉 가지 자원

하나님의 아들의 영은 일터와 일하는 사람의 삶을 지배하는 죄의 권세를 깨트리는 놀라운 힘이 있다. 성령을 통해 우리 육체는 하나님이 임재하시는 살아 있는 처소, 곧 '성전'이 된다(고전 6:19).

성령은 또한 우리 안에 깊숙이 자리잡은 죄악과 맞서 싸운다. 우리는 생명을 주는 성령의 자원-사랑, 희락, 화평, 오래 참음, 자비, 양선, 충성, 온유, 절제-을 받아 일할 때 내적 갈등에 맞설 수 있다. 성경은 생명을 주는 이 자원들을 '성령의 열매'라 칭한다(갈 5:22-23).

일터에서 드러나는 내적 갈등들이 증명하듯이, 일을 할 때 우리는 악을 만들어 낼 수밖에 없다. 그러나 우리 안에 살아 계시는 하나님의 영은 더 위대한 선을 만들어 낸다. 20세기 기독교 신비주의가 이블린 언더힐(Evelyn Underhill)은 성령의 열매는 "우리 영혼 안에 있는 하나님의 사랑의 압력에 의해 점진적으로 또 필연적으로 우리 안으로 들어오게 된, 생각하고 말하고 행동하는 방식"이라고 말했다.[1] 아래 표에서 볼 수 있듯이, 성령의 열매는

갈등	열매	결과
자만	기쁨	쉼 없는 기도
탐욕	양선	끊임없는 감사
음욕	사랑	아름다운 순전함
탐식	절제	즐거운 내려놓음
분노	온유	내어 맡긴 만족
나태	충실	생명을 주는 리듬
질투	친절	이웃 사랑
동요	인내	소명에 대한 확신
권태	평화	마음을 천국에 둠

우리의 내적 갈등을 선하게 바꾼다. 성령의 선하심은 우리의 탐욕을 감사로 바꾸고, 하나님의 사랑은 음욕을 순결로 바꾼다.

어떻게 하면 성령의 자원들에 가까이 다가갈 수 있을까? 이는 노력으로 접근할 수 있는 것이 아니다. 우리 대부분은 음욕이나 자만, 우리 자신에 대한 분노를 이겨 보려 온갖 노력을 다해 봤지만 실패한 경험들이 있다. 그런 식으로는 죄악에 맞서 이길 수 없다.

오히려 우리는 믿음과 신뢰로 하나님께 나아가야 한다. 몸과 마음을 예수 그리스도께 내어 맡겨야 한다. 그럴 때 우리는 영혼을 갉아먹는 내적 갈등을 극복할 수 있도록 도우시는 성령을 경험한다. 또한 날마다 우리 몸을 의의 도구로 하나님께 드려야 한다(롬 6:13). 특히 우리는,

1. 영에 속한 것들을 깊이 생각해야 한다(빌 4:8).
2. 성령이 하시는 일을 방해하는 악을 버려야 한다(엡 4:31).
3. 힘써 우리 믿음에 덕을 더해야 한다(벧후 1:5).

그러나 잊지 말라. 오직 하나님과 협력할 때만 우리는 선한 것을 생각하고 죄악을 버리며 덕을 행할 수 있다. 성령의 아홉 가지 열매는 선물이다. 하나님이 우리 마음과 일에 들어오시도록 요청하고 받아들임으로써 우리는 이 선물들이 우리 안에서 일하게 한다.

다음에 이어질 아홉 장들은 다양한 성령의 열매들이 어떻게 일터 영성을 되살리는 자원이 되는지 설명한다. 이 열매들은 영혼을 갉아먹는 내적 갈등의 해독제 역할을 한다. 이것들은 자유롭게 일하지 못하게 하는 장애물을 제거하고 우리에게 새로운 관점을 제공하여 일터에서 하나님을 볼 수 있게 한다. 이 열매들을 꾸준히 연습하여 힘을 기르면, 일할 때 하나님께 더

가까이 다가갈 수 있게 도와주는 근육이 된다. 이블린은 이렇게 말한다. "우리의 영적 삶은 우리가 그분께 가는 것에 달려 있지 않다. 언제나 그분이 우리에게 오는 것에 달려 있다."[2]

성령이 주시는 자원들에 다가갈 때, 우리는 영혼을 갉아먹는 아홉 가지 내적 갈등들을 극복하고 하나님의 일꾼으로 일할 수 있는 힘을 얻는다.

10
기쁨: 일터에서의 만족 그 이상

갈등	열매	결과
자만	기쁨	쉼 없는 기도
자신을 최고라고 여기며 자기 자신 안에 갇히는 것	하나님을 삶의 최우선으로 여기며 즐거움을 누리는 것	하나님과의 지속적인 사귐을 경험하는 것

폴　앨빈, 당신은 일을 할 때 기쁜가요?

앨빈　하는 일이 무엇이냐에 따라 다른 것 같아요. 클레어워터 호수로 함께 카누를 타러 갔을 때 우리는 몇 시간 동안 페달을 밟았지요. 반복적이면서 지독하게 느린 일이었어요. 그런데 그 호수를 따라 내려가면서 우연히 독수리 한 마리가 날아오르는 것을 보았어요. 비바람에 깎인 암석들을 비추며 떠오르는 해는 따뜻하게 저를 비추었고요. 페달 밟는 소리와 거울처럼 잔잔한 호수에 물결이 이는 소리를 들으며 천천히 카누를 타고 가는 일은 상당히 기뻤어요.

폴　함께 카누를 탈 때는 정말 기뻤지요. 그런데 일터에서도 기쁜가요? 한꺼번에 밀어닥친 일들, 쏟아져 들어오는 이메일과 잦은 회의가 우리를 기다리고 있을 때 말예요.

앨빈   제가 하는 일이 바로 그런 일이죠. 하지만 스트레스가 많은 환경에서도 하나님을 아는 기쁨을 경험할 수 있어요. 동료와 나눈 짧은 대화가 하나님이 그녀의 삶에서 어떤 일을 하고 계시는지 들을 수 있는 기회가 되기도 하고요. 거룩하고 기쁨 가득한 순간이 점심을 먹거나 정수기 옆에서 희망과 고민을 함께 나눌 때 일어나기도 합니다.

폴   그 말은 당신의 기쁨이 일에 대한 만족을 뛰어넘는다는 것처럼 들리네요. 기쁨과 만족 사이에는 근본적인 차이가 있잖아요?

앨빈   맞아요. 지금 여기서 하나님의 임재를 느낄 때 우리는 기쁨을 경험하게 됩니다.

기쁨 다시 생각하기

    기쁨의 특징은 일터에서 우리가 하는 일이 무엇이든-상품판매대에 앉아 있을 때든, 까다로운 고객을 상대할 때든, 이사회 회의에 보고하러 들어갈 때든, 우리를 좋아하지 않는 동료를 상대할 때든-성령에 응답하며 사는 것이다. 기쁨은 만족 이상이다. 만족은 감정이다. 좋은 느낌, 즉 편안하게 잘 지낸다고 느끼는 것이다. 그러나 좋지 않을 때에도 당신은 기쁨을 가질 수 있다. 기쁨은 하나님과의 연합, 하나님이 불어넣어 주시는 것, 전인적인 즐거움, 천상의 행복, 영적 초월이다. 저명한 성경학자 윌리엄 바클레이(William Barclay)는 기쁨을 "기독교적 삶을 나타내는 기운"라고 말했다.[1] 성경에는 하나님을 인생의 제일로 여기며 기뻐하는 사람들로 가득 차 있다.

    기쁨은 자만과 아주 밀접한 관계다. 자만은 우리 자신을 제일로 추켜세우려는 것에서 비롯되고, 기쁨은 하나님을 높이며 경배하는 데서 나온다.

또 자만은 우리에게서 기쁨을 앗아 가고, 기쁨은 자만을 없앤다.

기쁨은 개인적 경험을 넘어 일터 문화의 지배적인 분위기가 될 수도 있다. 하나님 나라는 의와 평화와 기쁨이다(롬 14:17). 하나님의 복된 소식은 기쁨과 함께 시작하고 끝난다. 기쁨은 천사들이 예수님의 탄생을 목자들에게 선포했을 때 밤하늘에 가득 찼다. 그리고 하나님의 통치가 새 하늘과 새 땅에 이루어질 그날에 우주를 가득 채울 것이다.

예수님은 제자들에게 하나님의 사랑 안에 거하라고 말씀하시며 이렇게 덧붙이셨다. "내가 이것을 너희에게 이름은 내 기쁨이 너희 안에 있어 너희 기쁨을 충만하게 하려 함이라"(요 15:11). 예수님은 영혼을 죽이는 종교를 가지고 온 것이 아니다. 그분은 인간의 영혼에 기운을 불어넣고 우리를 들뜨게 하며 북돋워 준다. 일의 영성에 대한 최고의 성경적 승인은 예수님의 달란트 비유에서 찾을 수 있다. 이 이야기의 결론에서, 주인은 부와 능력을 투자해 결실을 거둔 두 일꾼에게 상을 내리며 이렇게 말했다. "네 주인의 즐거움에 참여할지어다"(마 25:23). 우리가 마음을 다해 일할 때, 일은 하나님의 임재와 기쁨을 누리는 통로가 된다.

일터에서의 기쁨

미국의 전기회사 AES의 전 CEO, 데니스 바케는 「일의 즐거움」에서 이렇게 말한다. "대부분의 사람들은 즐거움과 일이 공존할 수 있다는 것을 믿지 않는다." 그는 그 책에서 게으른 직원이 오로지 돈 때문에 일하는 불행한 일터를 묘사한다. 직원들은 조직에 무엇이 최선인지 생각하기에 앞서 자신들의 이해를 먼저 따진다. 그들 중 아무도 일에 책임지려 하지 않는다. 사장은 계속해서 직원들에게 이거 해라 저거 해라 말해야 한다.[2] 그 결과 직원들은 보수와 혜택은 많고 일은 적기를 바란다.

바케는 관료주의적인 회사를 즐거운 일터로 만들기 위해 무엇을 시도했는지 설명한다. 그는 직원들이 그들의 달란트를 활용할 수 있도록 북돋워 주었다. 결정권을 그들에게 위임하고, 역동적이고 유동적인 팀을 만들고, 공동체 정신을 불러일으켰으며, 그들이 하는 일에 중요한 목적이 있음을 알려 주었다. 그는 일터 문화를 즐겁게 바꾸어 놓음으로써 구속적 사역을 했다. 그러나 이것은 바케 혼자 한 것이 아니다. 사람들이 기쁨에 참여하기를 원하시는 성령과 함께 했다.

일이 아무리 억압하는 것처럼 보인다 해도, 일터에는 즐거운 창조성의 여지가 있다. 19세기 작가 존 러스킨(John Ruskin)은 대중은 일을 기뻐하지 않으며, 따라서 일 밖에서 즐거움을 찾기 위해 돈 벌 곳을 찾는다고 말했다. 그는 산업혁명으로 인해 손수 물건을 만드는 기쁨을 상실했다고 주장한다.[3] 오늘과 같은 정보화 시대와 창조성의 시대에는 노동이 반복 작업에서 창조적인 참여가 가능한 쪽으로 변화하고 있다. 상상력과 지성을 동원한 일종의 공예적인 활동을 요구하는 것이다(물론 지금도 개인들의 수공예품 생산은 여전히 필요하다).

일을 즐기게 되면 우리는 역량을 더 많이 발휘할 수 있다. 때로 시간가는 줄 모른 채 일에 몰입하며, 쉬고 있을 때에도 일에 관한 생각에 빠질 것이다. 그러나 안타깝게도 이쪽 편 천국에서는 그런 경험을 하기가 힘들다. 일을 생각할 때 가슴 뛰는 사람은 거의 없다. 일터 영성은 일하면서 느끼는 절망감을 백 퍼센트 즐거움으로 바꾸어 주지 않는다. (일하면서 느끼는 기쁨은 단순한 재미 이상이다.)

기쁨의 열매 키우기

기쁨은 우리가 왜 일하고 누구를 위해 일하는지 알 때 시작된다. 그것을 알든 모르든, 우리 대부분은 사랑을 위해 일한다. 즉, 배우자와 자녀, 이웃과 친구, 그리고 심지어는 민족 등 우리가 사랑하는 사람들을 부양하기 위해 일하는 것이다. 사랑에는 일을 기쁨의 성례전으로 바꿀 수 있는 무한한 능력이 있다.

궁극적으로는 우리의 일을 받으시는 하나님을 위해 일할 때 기쁨이 생겨난다. 양과 염소의 비유에서 주님은 [지극히 작은 자 하나를] 먹이고 입히고 찾아가고 영접한 일이 곧 '내게 한 것'(마 25:40)이라고 말씀하시면서, 그 일을 한 사람들을 의인이라고 부르셨다. 우리는 이 본문을 사회 구제 사업에 관한 말씀으로만 여기기 쉽다. 그러나 먹이고 입히고 찾아가고 영접하고 목마른 자에게 물을 주는 것은 이웃을 사랑하고 이웃의 필요를 채워 주는 방법이다. 우리가 하는 일이 이러한 잠재력이 있다. 하나님의 관점으로 사물을 볼 수 있는 능력이 우리에게 있다면 말이다.

세상은 이와 같은 기쁨이 부족하여 메말라 가고 있다. 사도 바울은 우리가 성령과 늘 동행하며 우리 자신을 하나님과 하나님의 인도하심에 맞출 때, 한마디로, 사랑하라는 예수님의 명령을 지킬 때 기쁨이 온다고 말한다.

실천 과제

1. 지난 한 주간 당신이 기쁨을 느낀 순간은 언제였는가?

○ 동료나 스태프, 고객과 함께 일하면서 어떤 기쁨을 경험했는가?
○ 일 자체에서 경험한 기쁨은 어떤 것이었는가?
○ 조직의 시스템, 과정, 구조에 대해 감사하게 생각한 것이 있다면(의료 보험 혜택, 엄격한 윤리 규정, 실적 보상 시스템 등) 어떤 것이었는가?
○ 매일 하는 일이 시들해지거나 힘들게 느껴질 때, 어떻게 기쁨을 유지할 것인가?

2. 당신에게 기쁨을 주는 순간을 다섯 가지 정도 구체적으로 떠올려 보고 하나님께 감사하는 감사의 훈련을 하라.

11
양선: 의식하지 않는 베풂

갈등	열매	결과
탐욕	양선	끊임없는 감사
가진 것보다 더 많은 것을 소유하고자 하는 열망	받기보다 주는 성품을 기르는 것	자신이 가진 모든 것이 하나님의 선물임을 아는 자유를 경험하는 것

앨빈　당신은 목사, 목수, 학장, 그리고 교수로 일해 왔습니다. 좋은 일(good work)을 한다는 것은 당신에게 어떤 의미입니까?

폴　저는 일터에서 하는 일이든 교회에서 하는 일이든, 모두 '주님의 일'로 소중하게 여겨 왔습니다. 몇 년간 목수로 일한 것이 좋았던 이유는 집을 짓고 고치는, 좋은 일을 하고 있었기 때문이지요. 그 일은 저의 은사와 재능에도 잘 맞았습니다. 그리고 제가 목사였을 때와 마찬가지로, 하나님의 일을 하고 있다고 느꼈습니다.

앨빈　리젠트 칼리지 학장이 되었을 때는 어땠나요?

폴　좋은 사람들로 구성된 훌륭한 교수진을 이끄는 것은 일종의 특권이었지요. 그 일을 하면서, 저는 겉보기에 따분한 행정적인 일들도 좋은 사역이 될 수 있음을 알았어요. 교수들과 직원들이 성장할 수 있는 기반과 문화를 만들어 내는 일이었으니까요.

앨빈   그러한 관점은 저에게 일의 따분한 면을 어떻게 바라봐야 하는지 알려 주었지요. 한편으로는 그 일들을 가혹한 프로젝트로 볼 수도 있고, 다른 한편으로는 성령의 창조적 도움으로 미래의 지도자들을 육성하고 그들의 재능이 꽃피울 수 있는 환경을 만들어 내는 좋은 일로 볼 수도 있어요.

폴   놀라운 사실은 이거예요. 우리가 좋은 일을 하고 싶어 찾고 있을 때, 하나님은 우리를 선한 사람으로, 받은 사람보다 주는 사람으로 바꾸고 계시다는 것이죠.

양선 다시 생각하기

양선(goodness)은 성실과 정직, 고결 같은 매우 매력적인 성격을 뜻하는 단어다. 소유하고자 하는 열망에 불타는 탐욕스런 사람과는 반대로, 선한 사람은 받기보다는 주고, 쌓아두기보다는 나누는 사람이다. '양선'에 해당하는 헬라어 아가도수네(agathosyne)는 인생의 참다운 번영을 뜻하는데(전 6:3), 이 단어는 신약 성경에서 사도 바울이 세 번 정도 사용하고 있다.[1]

양선이라는 참다운 번영을 추구할 때 우리는 혼자가 아니다. 삼위일체 하나님이 우리와 동행하며 우리에게 힘을 주신다. 성부와 성자, 성령이 공유하시는 선의를 더 잘 알게 되면 우리는 변화될 것이다. 우리는 더욱더 예수님을, 역사의 무대를 가로질러 걸어가신 그 완전한 인간을 닮고자 열망할 것이다. 예수님은 한없이 매력적인 분이다. 그것은 예수님의 선하심이 정의를 초월하기 때문이다. 사람들은 정의로 인해 권리를 얻는다. 그러나 양선으로 인해 더욱 많은 것을 남에게 주고 싶어 한다. 그들은 다른 사람을 이롭게 하고 도울 수 있다면 모든 것이든 주고자 한다.[2] 예수님이 십자가에서 보여 주신 희생적인 행동-우리에게 당신의 생명을 주신 것-은 아마도 역사상 가장 의미 있는 선한 행동일 것이다.

오래된 전설에 의하면, 치료하는 능력을 받은 주교가 그것을 고사하고 대신 양선을 구했다고 한다. "내가 가장 갈망하는 것은 나 자신이 인식하지 못한 채 선한 일을 할 수 있는 재능을 하나님이 베풀어 주시는 것이다."[3] 기독교 전통에서 이러한 양선은 종종 자선, 가난한 사람들을 위한 구제로 표현되었다.

일터에서의 양선

중세 신학자 토마스 아퀴나스는 자선의 물질적 영역을 일곱 가지로 구분했다. 여기서의 선행은 육체적 필요에 초점을 맞춰져 있다. 아래에서 우리는 양선이 기업 및 산업 활동을 통해 어떻게 실천될 수 있는지, 각각의 선행에 해당하는 현대의 영역들을 제안했다.

중세의 선행	선행을 실천할 수 있는 오늘날의 일터
가난한 사람들을 먹임	음식 산업, 식당
목마른 사람들에게 마실 것을 줌	식수 관리, 음료 제공
헐벗은 사람들을 입힘	섬유 및 의류 기업
집 없는 사람들에게 거처를 마련해 줌	숙박 서비스업과 호텔
병자를 찾아감	의료, 보건, 상담

몸값을 주고 포로를 구해 줌	법 집행 기관, 군대
죽은 자를 묻어 줌	호스피스와 장례 서비스

그렇다. 위 목록에 들어 있는 현대 산업들에는 다소 그늘지고 착취적인 면이 있다. 하지만 많은 선한 일들이 21세기 비즈니스와 기업을 통해 이루어졌고, 지금도 실행되고 있다.

아퀴나스는 또 영적 자선 행동들을 다루었다. 무지한 사람들 가르치기, 의심하는 사람들에게 조언하기, 슬퍼하는 사람들 위로하기, 죄인들을 견책하기, 상처 입힌 사람들 용서하기, 우리를 괴롭힌 사람들 인내하기, 그리고 모든 사람을 위해 기도하기.[4] 이것들은 우리가 일할 때 적용할 수 있고, 또 날마다 동료와의 관계에서 실천할 수 있는 내면의 성향들이다.

지난 10년 동안 세계를 휩쓴 강력한 자선 형식은 소액금융을 통해 나타났는데, 이로써 가난한 사람들과 소득이 낮은 사람들도 신용과 저축, 보험 서비스를 제공받았다. 중세 유대 신비주의자 마이모니데스(Maimonides, 1135-1204)는 이미 수세기 전에 '자선의 사다리'라고 부르는 것을 통해, 가난한 사람들을 위해 새로운 부를 창출하는 것이 가장 수준 높은 자선임을 역설했다. 그 사다리에는 다음과 같은 단계들이 있다.

1. 주기는 하지만, 가난한 사람이 요청했을 때만 주는 사람
2. 주기는 하지만, 줄 때 기분이 언짢은 사람
3. 기분 좋게 주지만, 적게 주는 사람
4. 요청이 없을 때 주지만, 가난한 사람에게 직접 주는 사람. (가난한 사람은 자신을 도와준 사람이 누군지 알고, 준 사람도 도움 받은 사람이 누군지 안다.)
5. 가난한 사람의 집 앞에 돈을 놓고 가는 사람. (가난한 사람은 누구에게 은

혜를 입었는지 모르지만, 기부한 사람은 누구에게 도움을 주었는지 안다.)

    6. 기부금을 낸 다음에 누가 도움을 받았는지 알 수 없도록 바로 돌아서는 사람. (그러나 가난한 사람은 누가 도와주었는지 안다.)

    7. 익명으로 기부하는 사람. (여기서 가난한 사람은 누구에게 은혜를 입었는지 모르고, 기부자도 누가 도움을 받았는지 모른다.)

    8. 가난해지는 것을 막기 위해 돈을 준다. (최고의 기부는 바로 이것이다. 일자리를 제공하거나 장사를 가르치거나 사업을 할 수 있도록 도와준다. 따라서 수혜자는 자선을 베풀어 달라고 어쩔 수 없이 손을 내밀지 않아도 된다. 이것은 자선의 사다리에서 가장 높은 단계요 정상이다.)

양선의 열매 기르기

    선한 사람은 다른 사람을 부유하게 한다. 그들은 그렇게 하는 중에, 그리고 종종 의식하지 못한 채, 하나님 안에 있는 진정한 부와 번영을 알게 된다. 물론 그 반대 경우도 있다. 예수님은 엄청나게 많은 소출을 거둔 부자 이야기를 들려주신다. 그 부자는 더 큰 곳간을 지을 계획을 세웠고, 일을 그만두고 먹고 마시며 흥청망청 시간을 보냈다. 그 부자는 자선을 베푸는 사람과는 정반대다. 하나님은 그 사람이 실패했다고 평가하신다. "어리석은 자여, 오늘 밤에 네 영혼을 도로 찾으리니 그러면 네 준비한 것이 누구의 것이 되겠느냐. 자기를 위하여 재물을 쌓아 두고 하나님께 대하여 부요하지 못한 자가 이와 같으니라"(눅 12:20-21).

    예수님은 도전적인 질문을 던지신다. "하나님께 대하여 부요하게 되는 것은 어떤 것인가?" 우리는 다음과 같이 제안한다.

1. 하나님 나라에 투자하라(마 6:19-21; 눅 12:31). 하나님 나라는 **단지** 영적인 것이 아니다. 영적·인격적·사회적·정치적 그리고 경제적 차원을 포괄하는 살아 계신 하나님의 통치다. 하나님 나라의 일은 새로운 부를 창출하고, 빈곤을 줄이고, 사람들에게 복지를 가져다주고, 인간의 삶을 아름답게 개선하고, 탐욕에 기인하는 조직 구조에 맞서 싸운다. 하나님 나라에 투자하기 위해 '기독교적인 일'을 하거나 기독교 NGO에서 일해야만 하는 것은 아니다. 하나님과 이웃에 대한 사랑이 동기가 된 일이라면 어떤 것이든 하나님 나라의 일이다.

2. 하나님의 목적을 품어라. 인간은 하나님의 일에 참여하라는 초대를 받았다. 하나님은 창조자요 보존자요 구원자이시기 때문에, 그리고 또한 심판자요 지도자요 치유자요 언약을 만드는 자요 공동체를 세우는 자이시기 때문에, 우리는 농업에서 유전공학까지, 가사에서 언론 매체까지 놀랍게 다양한 일을 통해 하나님의 일에 동참할 수 있다. 종교와 관련되어서가 아니라 우리가 일을 믿음과 소망과 사랑으로 수행할 때 일은 진정으로 '기독교적인 것'이 된다.

3. 하나님이 우선으로 정하신 것들을 소중히 여겨라. 누가복음 16장에서 예수님은 직업을 잃게 된 청지기 이야기를 들려주신다. 그 청지기는 재빨리 주인에게 빚진 사람들을 모두 불러다가 그들의 빚을 엄청나게 탕감해 준다. 덕분에 청지기는 빚진 자들의 환심을 사서 자신이 해고되었을 때, 그들의 친구로 환대받는다. "불의의 재물로 친구를 사귀어라. 그래서 그 재물이 없어질 때에, 그들이 너희를 영원한 처소로 맞아들이게 하여라"(눅 16:9, 새번역). 예수님은 속임수로 우정을 '사라고' 권장하시는 것이 아니다. 평생의 우정을 맺는 데 돈을 사용하라는 말씀이다. 이생에서 내생으로 우리가 가져갈 수 있는 유일한 보물은 그리스도를 통해 맺은 관계들이다.

4. 하나님의 임재를 갈망하라. 우리는 다른 어떤 것보다 하나님을 사랑하고 소중히 여겨야 한다. 시편 저자처럼 우리는 하나님이 우리의 운명, 우리의 보물, 우리의 전부라고 선포한다. "여호와께 감사하라. 그는 선하시며 그의 인자하심이 영원함이로다."(시 118:1).

따라서 하나님에 대해 부요하다는 것은 일을 그만둔다는 것을 의미하지 않는다. 오히려 우리의 평범한 일을 아름다운 것으로 바꾸는, 양선이라는 성령의 선물을 받아들이는 것이다.

실천 과제

1. 잠시 묵상의 시간을 가지면서, 아래의 항목들과 관련하여 하나님에 대해 부요할 수 있는 구체적이고 창조적인 방법을 보여 달라고 하나님께 구하라.

- 하나님 나라에 투자하기
- 하나님의 목적을 품기
- 하나님이 우선으로 정하신 것들을 소중히 여기기
- 하나님의 임재를 갈망하기

2. 위의 제안들에 비추어 볼 때, 다가오는 한 주 동안 당신의 일터에서 어떻게 양선을 표현할 수 있겠는가? 당신이 실천할 만한 영적 자선 행동(무지한 사람들을 가르치기, 의심하는 사람들에게 조언하기, 슬퍼하는 사람들 위로하기, 상처 입

한 사람들 용서하기, 모든 사람을 위해 기도하기)에는 어떤 것들이 있는가? 축복하고 싶은 사람의 이름을 구체적으로 적어 보라.

12
사랑: 주고받을 수 있는 가장 위대한 것

갈등	열매	결과
음욕	사랑	아름다운 순전함
사욕을 채우기 위해 어떻게 남을 이용할지 상상하는 것	다른 사람에게 진정한 관심을 보이며 실제로 돌보는 것	순수하고 온전한 마음으로 하나님과 이웃을 사랑하는 것

폴 사랑은 아마도 일터에서 생명을 주는 가장 강력한 힘일 거예요. 하지만 리더십과 경영의 귀재들은 사랑에 관해서는 거의 말하거나 쓰지 않죠.

앨빈 사람들은 치열하게 경쟁하는 세상에서 사랑을 보여 주기를 두려워합니다. 어느 날 저녁 저는 그 두려움을 극복하고 동료에게 조언을 요청한 적이 있어요. 스트레스 때문에 거의 익사 직전이라고 그에게 말했지요. 그는 여러 조언을 해주며 자진해서 저를 도와주었고, 저는 그 조언과 도움을 감사하는 마음으로 받았습니다. 대화를 마치고 자리에서 일어나려는데, 그가 제게 마약 중독자를 도와줄 사람을 혹시 아냐고 물었어요. 딸이 경찰에게 체포돼 마약 검사를 받았는데 양성 반응이 나왔다는 거예요. 그의 두 눈에는 눈물이 맺혀 있었어요. 아버지로서 실패했다고 생각한 것 같

앉아요. "뭘 어떻게 해야 할지 모르겠습니다. 하지만 딸을 위해서라면 무엇이든 할 작정이에요." 그 순간 저는 하나님의 사랑의 임재를 느꼈습니다. 동료와 저는 마음을 열고 서로의 짐을 져 주었어요. 제 동료는 시간을 내어 경청하며 알맞은 조언을 해주는 것으로 사랑을 보여 주었고, 저는 개인적인 고통 가운데 있는 그를 지지해 주는 것으로 그에 대한 사랑을 표현하려 노력했어요.

폴   서로 사랑을 주고받은 거네요.

앨빈   그래요. 저는 서로 사랑하는 것이 결코 약함의 표시가 아니라는 것을 알게 되었어요.

폴   정말 그래요. 우리는 하나님의 사람들을 사랑함으로써 하나님을 사랑하고 있는 것이지요.

사랑 다시 생각하기

우리에게는 사랑하고 사랑받고 싶은 간절한 마음이 있다. 부모들은 자녀들을 사랑하고자 하는 열망이 있으며, 자녀들이 자신의 사랑을 받아들일 때 기뻐한다. 온전히 사랑을 주고받고 싶은 것은 인간의 보편적인 갈망이다. 사랑 또는 카리타스(caritas)는 다른 사람에게 좋은 일을 하고자 하는 의지를 말한다.

하나님의 사랑을 받고 하나님을 사랑하는 것 역시 신앙인들의 보편적인 갈망이다. 기독교 영성의 전통은 하나님을 '사랑하는 분, 사랑받은 분, 그리고 사랑 그 자체'라고 이야기한다. 다시 말해, 사랑은 단순히 하나님의 속성 중 하나가 아니다. 하나님이 곧 사랑이시고, 하나님의 하시는 모든 것이 곧 사랑이다.[1] 이 사실 때문에 다음의 두 가지 결론은 참이다.

1. 7세기 베네딕토 수도사이자 교회 박사 베다(Venerable Bede)가 말했듯이, 전능하신 하나님, 우주의 주인은 자녀들이 훌륭한 아버지를 사랑하듯이 우리가 당신을 사랑하기를 간절히 원하신다. "종이 주인을 사랑하듯 또는 일꾼이 고용주를 사랑하듯 우리가 하나님을 사랑할 수 있다면, 이는 결코 작은 일이 아닐 것이다. 그러나 하나님을 아버지로 사랑할 수 있다면, 이는 훨씬 더 위대한 일일 것이다."[2]

2. 우리는 하나님의 깊은 사랑을 받는다. 그래서 사도 바울이 성령의 열매를 열거하면서 사랑을 가장 먼저 언급한 것은 놀랄 일이 아니다. 성령의 열매의 목록은 하나님의 사랑에서 시작한다. 이블린 언더힐은 이렇게 말한다. "사랑은…다정하고 소중히 여기는 태도다. 이는 한없는 헌신, 관대함, 그리고 친절인데, 이것들은 모든 피조물을 향한 하나님의 태도다."[3]

3장에서 살펴본 것처럼, 우리 영혼을 갉아먹는 음욕과의 싸움은 우리가 더 깊고 진정한 관계를 갈망함을 나타낸다. 우리는 하나님의 친밀하고 순수하고 순결한 사랑이 우리 삶에 영향을 미치고 우리를 내면에서부터 바꾸기를, 그래서 우리가 사랑을 행하는 존재가 되기를 원한다. "그분이 우리 안에 임재하시는 첫 열매, 우리가 그분 편에, 그분이 우리 편에 계시는 첫 번째 표시는 적어도 우리 삶의 단단하고 딱딱한 껍질을 깨뜨리는 바로 이 사랑(Charity)의 작은 싹이어야 한다."[4]

일터에서의 사랑

일터에서 우리가 하나님의 사랑을 받고 있는 사람임을 보여 주는 가장 강력한 증거는, 다른 사람의 최선을 위해 배려하며 돌보는 것이다. 음욕은 섬김을 받으려 하지만, 반대로 사랑은 섬긴다.

일상적인 일을 하는 동안 당신이 어떻게 사랑을 실천하고 있는지 아래 질문에 답하며 스스로 평가해 보라. 이 질문들은 고린도전서 13장을 기초로 일터에 적용한 것이다.

- 아무도 보지 않을 때에도 당신은 기꺼이 허드렛일을 하는가?
- 사람들이 무시하고, 멀리하고, 깔보는 사람에게 친절을 베풀 기회를 찾고 있는가?
- 동료의 성공에 기뻐하는가?
- 자신에게 관심을 집중시키고 싶은 유혹을 뿌리치는가?
- 모든 사람을 존중과 예의로 대하는가?
- 다른 사람을 화나지 않게 하려고 적극적으로 노력하는가?
- 일을 긍정적으로 바라보려고 의식적으로 노력하는가? (동료의 결점을 모르는 것은 아니지만) 그를 먼저 이해하려고 노력하는가?
- 다른 사람의 실수를 부풀리거나 약점을 들춰 냄으로써 그들을 깎아내리지는 않는가?

이 질문들을 살펴보면 알 수 있듯이, 일터에서 다른 사람을 사랑한다는 것은 노력 없이 저절로 되는 것이 아니다. 이는 아마도 동료를 사람으로 여기지 않는 분위기 때문일 것이다. 거대 기업들은 직원을 인간이 아니라 생산성 단위로 취급하는, 즉 사람을 인격 또는 자본으로 분류하는 경향이 있다. 그러나 우리는 생산성 단위를 사랑할 수 없다. 오로지 사람을 사랑할 수 있을 뿐이다.

그러면 어떻게 일할 때 하나님의 사랑을 받을 수 있을까?

사랑의 열매 가꾸기

우리가 간절히 하나님의 사랑을 받고자 한다면, 하나님은 기꺼이 성령을 통해 우리 가슴에 사랑을 부어 주신다. 아래에 나오는 두 가지 훈련은 수세기 동안 위대한 그리스도인 청지기와 지도자의 가슴과 머리를 바꾸어 하나님의 사랑을 전할 수 있도록 만든 것이다.

1. 함께 일하는 사람들과 언약 관계를 맺어라. 성경적 사랑의 특징을 가장 잘 드러내는 히브리어는 헤세드(*hesed*)인데, 이 말은 언약이라고 부를 만큼 충성스럽고 친절하고 인정 많은 관계를 일컫는다. 이 언약 관계는 의무감을 초월한다. 이 관계는 한 사람이 온전히 자발적으로 다른 사람을 도와주고 싶은 자극을 받았을 때 불이 붙는 경우가 많다. 시간이 가면서 두 사람은 서로에게 지속적인 충성과 헌신을 보여 준다. 이는 다른 사람의 이익을 추구하는 우정이다. 언약 관계는 우리에게 (예를 들어, '잘못된' 교육, 인종, 또는 출신배경 때문에) 소외당하는 사람들에게 관심을 가질 것을 요구한다. 우리는 다른 사람을 발전시키는 데 집중한다. 또한 두려움이 아니라 의욕을 끌어낼 창조적인 방법을 모색한다. 간단히 말해서, 우리는 사람들을 하나님의 형상으로 지음받은 대로, 있는 모습 그대로 사랑하려고 노력한다. 이 헤세드

관계의 최고의 예는 구약 성경 룻기에서 볼 수 있다.[5]

2. 예수님이 그분의 아버지와 맺고 있는 관계를 묵상하라. 그것은 바로 예수님과 그분의 아버지 사이의 사랑의 관계다. "종교 안이든 밖이든 어디에도, 그리스도 안에서 하나님이 보여 주신 사랑에 버금가는 것은 없다"고 기독교 철학자 달라스 윌라드(Dallas Willard)는 말했다.[6] 예수님은 팔레스타인에서 3년 간 활동적인 사역을 하시면서 창조주와 함께 일하는 것이 무엇인지 우리에게 보여 주셨다. 요한복음은 예수님이 어떻게 아버지가 뜻하신 일을 행하셨는지를 보여 주는 일종의 보고서다. 첫째, 예수님은 자신이 하는 일의 궁극적 목표가 아버지의 사랑과 영광을 드러내는 것이라고 선포하셨다. 그러고 나서 예수님은 다양한 방식으로 그 일을 수행하셨다. 매일 삶 속에서 만나는 사람들을 사랑하심으로, 홀로 기도하는 가운데 아버지를 사랑하심으로, 그리고 자신의 인간적 틀의 한계 안에서 살아가심으로.

창조주와 아들의 관계를 묵상하면서, 우리는 우리의 직업, 동료, 상사, 부하, 그리고 회사와 시스템, 구조, 문화까지도 사랑하기 위한 성령의 자원들을 얻는다. 우리는 일과 관련된 모든 것-연필부터 복사기까지-을 하나님이 쓰시는 것처럼 여기며 사랑하기 시작한다. 동시에, 사랑을 가지고 일하는 것은 조직의 시스템과 문화 안에 깊숙이 자리잡은 부조리하고 악한 관습에 맞서 싸울 것을 요구한다. 특히 하나님이 사랑하시는 일과 사람을 사랑하기 시작할 때, 우리는 예수님이 우리를 사랑하신 것과 같이 우리 자신을 깊이 사랑하게 된다.

실천 과제

1. 요한복음에서 예수님이 아버지와 맺고 계신 관계를 묵상함으로써, 우리는 일터에 적용할 수 있는 원리와 태도를 배울 수 있다.

일을 하면서 우리가 적용해 볼 수 있는 (비록 완벽한 것은 아닐지라도) 태도 목록이 아래에 나와 있다. 당신을 도전하고 고무하거나 일터에 적용해야겠다고 느껴지는 태도 한 가지를 고르라.

- 나는 일터 가운데 믿음과 소망과 사랑을 가져가도록 보냄받은 살아 계신 하나님의 일꾼이다. 창조주 하나님이 예수님을 보내 우리와 함께 있도록 한 것처럼, 하나님은 우리를 일터로 보내셨다. 나는 하나님이 보내신 사람이다.
- 나는 하나님을 떠나서는 아무것도 할 수 없다. 하나님이 함께하시지 않는다면 내게는 에너지도, 창조성도, 주도력도 없다.
- 하나님이 함께하시면 내게는 무한한 자원이 있으며, 나는 능력과 영광으로 일하고 사람들에게 예수님을 알릴 수 있다.
- 나는 오로지 하나님이 하시는 것만 할 수 있다. 그 이상도 이하도 아니다.
- 나는 영원한 가치를 지닌 일을 하기로 결심한다.
- 나는 영원한 가치를 지니고 있지 않은 일은 피하기로 결심한다.
- 내 일은 하나님이 주신 선물이다.
- 나는 하나님께 영광을 돌리기 위해 일한다.
- 하나님이 뜻하신 일을 하기 위해 나 자신의 의지를 포기한다.
- 하나님이 나에게 하라고 하신 일은 더디거나 어려울지라도 항상 선하다.

○ 나는 하나님의 가장 세밀한 암시와 인도에도 민감할 것이다.
○ 하나님은 나를 사랑하시고 기뻐하신다.

13
절제: 일과 삶의 충돌 해결하기

갈등	열매	결과
탐식	절제	즐거운 내려놓음
지나친 음식 섭취를 통해 만족을 추구하는 것	성령의 인도하심을 따라 거룩한 삶을 사는 것	음식에 대한 욕심을 버리고 소박하게 먹는 자유를 경험하는 것

앨빈 언젠가 저와 제 동료는 너무 많이 일하고, 너무 많은 행동을 하고 너무 많이 먹는, 이런 걷잡을 수 없는 생활을 계속할 수는 없겠단 확신이 들었습니다.

폴 하버드 정신의학자 에드워드 할로웰(Edward Hallowell)은 그런 상태를 '주의력결핍증'이라고 불렀지요. 주의력결핍증은 활동과잉 환경에 의해 유발됩니다. 그런 환경에서는 일터의 압력이 증가하는데 사람들은 그것을 불평 없이 '받아들여' 버리죠. 주의력결핍증이 있는 사람들은 극도로 많은 일을 한꺼번에 처리하고, 질문에 피상적으로 답하고, 늘 서두르며, 친구들과 시간을 거의 보내지 않고, 장시간 일하고, 잠을 조금밖에 안 잡니다. 주의력결핍증이 있는 사람들은 참신한 아이디어를 만들어 내는 것을 힘들어 하지요.

앨빈 그 텅 빈 탱크를 어떻게 채울 수 있을까요?

폴   할로웰은 일하는 환경을 '인간적인 순간'(human moments)들로 만들 수 있도록 재설계함으로써 주의력결핍증을 통제할 수 있다고 말합니다. 충분히 수면을 취하고, 운동을 하고, 적절한 식이요법을 하라는 것이지요.[1)]

앨빈   아주 기본적인 말처럼 들리네요. 하지만 우리 대부분은 그런 균형을 찾는 것을 힘들어 하고 있습니다. 그게 말처럼 쉽지가 않지요.

폴   맞아요. 일과 삶의 균형을 얻고자 애쓴다고 그런 미친 듯한 생활이 바로잡히지 않습니다. 그것보다는 절제력을 키워야 합니다.

절제 다시 생각하기

우리는 활동과 휴식, 일과 놀이, 사람들과 어울리는 시간과 개인적인 시간 사이의 균형 있는 삶을 갈망한다. 하지만 오늘날 현대 사회의 광적인 삶을 볼 때, 이러한 균형잡기는 그렇게 쉽게 이루어지지 않을 것 같다.

신입 사원부터 임원에 이르기까지, 많은 사람이 과로와 스트레스로 인한 탈진을 경험하고 있다. 가족, 의미 있는 대화, 레저, 창조적 취미, 그리고 교회를 위한 시간은 사라졌다. 이메일, 휴대전화, 노트북, 그리고 스마트폰의 급증으로 일하는 시간은 늘어났고, 사생활과 휴식을 위한 시간은 줄어들었다. '워크라이프 정책 센터'(Center for Work-Life Policy)가 최근에 미국인을 대상으로 실시한 조사에 따르면, 10명 가운데 8명이 일이 건강에 영향을 미치고 있다고 응답했다.[2)] "뉴욕타임스" 기사에 따르면, 응답자의 62퍼센트가 지난 6개월 동안 업무 부담이 늘어났다고 말했으며, 절반 이상이 과로로 지쳤다고 말했다.[3)]

그런 압박이 모두 외부적인 것은 아니다. 때때로 우리 자신이 원인이 되기도 한다. 다국적 기업의 한 그리스도인 임원은 일요일에 가장 우선시해야 할 사항으로 첫째는 하나님, 둘째는 가족, 그리고 마지막이 일이라고 말했다. 하지만 그는 월요일에는 그 순서가 일, 가족, 하나님으로 바뀐다는 것을 인정했다. 애석하게도, 이는 좋은 직업, 두툼한 봉급, 공부 잘하는 아이들, 별 다섯 개짜리 휴가, 최신형 제품, 그리고 활발한 종교 생활까지 모든 것을 가지려는 욕구에서 비롯된다.

삶에서 최대한 많은 것을 짜내려고 하는 탐욕스러운 충동과는 대조적으로, 성령이 베푸신 절제의 선물은 우리의 내면을 다스린다. 그래서 우리의 행동과 욕구를 스스로 통제할 수 있게 하신다. 절제를 얻은 우리는 더 이상 과도한 소유에서 오는 만족이나 모든 것을 가지려는 욕구를 추구하지 않는다. 절제는 우리가 하나님 안에서 만족을 찾을 수 있도록, 하나님이 우리에게 주시는 것이면 뭐든지 받아들일 수 있도록 돕는다.

우리는 성령의 내주하심을 통한 하나님의 은총으로 절제(*egkratenia*)를 얻는다. 절제는 우리에게 내적 힘, 또는 자아를 통제할 수 있는 능력을 준다. 사도 바울은 그의 편지를 읽는 이들에게 "더욱 힘써 너희 믿음에 덕을, 덕에 지식을, 지식에 절제를 더하라"(벧후 1:5-6)고 권고한다. 우리가 쏟는 노력은 자기통제를 획득하기 위한 것이 아니라, 하나님과 협력하고 하나님의 도우심을 찾기 위한 것이다. 하나님은 우리에게 죄에 대한 인간적인 충동을 억누를 수 있도록 절제, 또는 자기부인을 연습할 수 있는 능력을 후히 주셨다. 잠언 저자는 절제가 없는 사람의 영혼을 성벽이 무너져 내려 적의 공격을 막을 수 없는 도성에 비유했다(잠 25:28). 우리의 열망을 억제하려고 노력하지 않는다면 이런 일은 언제든 일어날 수 있다. 절제는 우리 영혼을 지키고 분노, 나태, 음욕, 그리고 다른 치명적인 죄악의 앞잡이에게 끌려가지 않도록 막아 주는 튼튼한 문과 같다.

일터에서의 절제

　나사렛 예수는, 물론 일과 삶의 균형을 이루려고 시작하신 것은 아니지만, 일터에서 우리에게 필요한 절제의 모범이 되신다. 때때로 예수님은 섬기는 일에 몰두하셔서 음식을 드실 시간도 없었다. 과부들, 사탄에게 사로잡힌 사람들, 그리고 근심하는 부모들은 기적의 능력을 발휘해 달라고 예수님께 간청했다. 긍휼함이 많으셨던 예수님은 바로 지금 그 일을 해야 한다는 긴박한 마음이 있었을 것이다. 하지만 그분은 자제와 절제의 삶을 사셨다. 무리들이 오직 구세주만이 하실 수 있는 요구를 하며 둘러싸고 있을 때도 예수님은 종종 "무리를 해산시키셨다"(막 6:45). 이런 행동은 내적 힘을 요구한다. 예수님은 더욱더 많은 사람을 치료하고 싶다는 유혹에 넘어가실 수도 있었다. 그러나 당신의 사명을 잘 알고 계셨기에, 아마도 이렇게 말씀하실 수밖에 없었을 것이다. "바로 지금 너희를 고쳐 줄 수 없다. 미안하지만 나는 홀로 아버지와 함께 있어야 한다." 이것이 바로 절제의 패러다임, 즉 하나님께 가까이 가기 위해 일을 조절하는 것이다.

　오늘날 일터에서 사람들은 '일과 삶의 균형'을 위해 일과 개인적 삶을 잘 조율하려 한다. 일과 삶의 균형을 추구하는 사람들은 일지를 적고, 탄력 근무와 일자리 나누기를 검토하고, '아니요'라고 말하고, 가사 도우미를 찾고, 요가나 명상을 하고, 레저 시간을 만들고, 충분히 자고, 전문가의 도움을 구하라고 제안한다. 그러나 역설적이게도 일과 삶의 균형을 얻으려는 이러한 추구가 종종 우리를 더욱더 산만하고 불만족스럽게 만든다. 이러한 균형잡기는 가능한 한 많은 공을 들고 저글링을 하고자 하는 욕구가 될 가능성이 높기 때문이다. 그래서 비즈니스 컨설턴트 존 댈라 코스타(John Dalla Costa)는 '균형은 속임수'라는 결론을 내렸다.[4]

절제를 실천할 때 우리는 '아니오'와 '예'를 있는 그대로 말할 수 있어야 한다. 즉 과로하게 만들 일에 대해서는 '아니오'라고 말하고, 열정을 가지고 능력껏 할 수 있는 일에 대해서는 '예'라고 말해야 한다. 하나님은 결코 우리에게 주어진 시간 안에 더 많은 일을 하라고 요구하지 않으신다. 이것을 알기에 우리는 다 마치지 못한 일을 두고 일터에서 나올 수 있다. 우리는 가족과 친구에게 '질 높은 시간'을 줄 뿐 아니라 '많은 시간'도 줄 수 있게 된다. (서로 함께하는 양질의 시간을 갖기 위해서는 사람들과 함께 '시간을 보내며' 성령의 인도하심에 민감해야 한다.) 또한 절제가 가능해질 때, 우리는 죄책감 없이 운동이나 다양한 취미를 즐길 수 있다.

통제를 벗어난 삶을 다루는 것은 궁극적으로 영적 훈련이다. 우리는 절제의 열매를 맺게 하시는 성령에게 우리 자신을 맡겨야 한다. 절제는 우리가 하나님께 맞춘 가치들이 내면을 다스릴 수 있도록 돕는다. 절제할 줄 아는 사람은 성령의 인도하심에 응답하는 법을 배운다. 그는 모든 것을 가지려는 탐욕스런 생활방식 대신, 거룩한 원칙에 맞춰 살 수 있게 된다. 현재 주어진 일과 삶의 균형을 추구하는 대신, 사도 바울은 "그의 성령으로 말미암아 [우리] 속사람을 능력으로 강건하게 하시오며, 믿음으로 말미암아 그리스도께서 [우리] 마음에 계시게 하시옵[소서]"(엡 4:15-16)라고 기도했다.

다시 말하면, 오직 성령만이 일중독과 현대인들의 엄청난 스트레스를 다룰 수 있는 절제를 주실 수 있다. 절제는 균형보다 더 낫고, 더 얻기 쉽고, 더 매력적이다. 균형은 모든 일을 적절하게 하고, 모든 우선순위를 꼼꼼하게 정해 컴퓨터 프로그램처럼 정확하게 실행하는 것이다. 완벽하게 균형잡힌 사람은 어떤 것에도 방해받지 않는다. 그러나 이런 것은 자비로운 하나님께 마음을 맞추고 있는 사람의 자질이 아니다. 위대한 성자들은 균형잡힌 삶을 살지 않았다. 선지자들도 마찬가지였다. 그들은 그들의 날들을 권능에 의해 불붙은 아주 뜨거운 열정으로 채웠다. 사도 바울은 "내 속에서 능력으로 역사하시는 이[그리스도]의 역사를 따라 힘을 다하여 수고하는" (골 1:29) 일에 관하여 말했다.

절제의 열매 가꾸기

시간 관리를 통해 균형을 얻으려고 노력하고 삶을 일련의 행동 지침으로 나누는 것보다 더 좋은 방법이 있다. 그것은 바로 삶 전체를 신성하게 보는 것이다. 우리는 결코 균형잡힌 삶을 살 수 없다. 그러나 하나님의 도우심을 구하기 위해 노력을 기울일 수는 있다. 그렇게 함으로써 우리는 점차 절제를 얻는다. 이 여정을 어떻게 시작할 수 있을까? 다음의 세 단계를 제시한다.

1. 절제가 부족한 부분이 어디인지 확인하라.
   ○ 당신은 무엇을 갈망하고 있는가?
   ○ 당신에게 정말 필요한 것은 무엇인가?
   ○ 남는 시간에 당신은 무엇을 생각하고 꿈꾸고 상상하는가?
   ○ 당신이 집착하거나 버리지 못하는 것은 무엇인가?
   ○ 당신은 삶의 어떤 영역에서 안도감을 얻는가?
   ○ 위에 열거한 것들 가운데 하나님보다 더 중요한 것은 무엇인가?
   (질문에 구체적으로 답할수록, 당신이 하나님보다 무엇에 더 몰두하고 있는지 고백할 수 있을 것이다.)

2. 당신의 삶에서 가장 중요한 것들의 순서를 분명하게 정하라. 개별 항목들로 열거하지 말고, 상호의존적인 핵심 항목들을 서로 연결하라. 예를 들어, 당신의 우선순위에는 가족, 일, 휴식, 잠, 봉사, 교회, 사회적 책임, 시민활동, 그리고 개인적인 재충전이 포함되어 있을 것이다. 이 항목들의 중심에 하나님을 위치시켜라. 항목의 제1번이 아니다. 이렇게 하면 당신은 하나님이 일과 가족, 교회, 그 밖에 모든 것의 중심이라는 것을 알게 될 것이다. 당신이 '종교 생활'(예를 들어, 교회 출석, 큐티, 전도)을 중심에 두고 있지 않다는 것에 주의하라. 오히려 하나님이 중심에 있어야 한다. 하나님이 모든 것 가운데 계시기 때문이다.

3. 몇 가지 영적 훈련을 실천하여 성령이 당신의 삶을 통제할 수 있도록 하라.
- 매일 지속적인 포기를 훈련하라. 더욱 단순하게 살고 일하기 위해 가진 것들을 내어 주는, 가령 갖고 있는 전자제품의 수를 줄이거나 읽지 않는 정기구독 잡지를 중단하는 것 같은 창조적인 방법들을 찾아라.
- 매일 좁은 문으로 걷는 훈련을 하라. 넓고 쉬운 문으로 걸어 다니는 삶에 대한 생각을 버려라. 그 대신 십자가의 길을 선택하라. 예수님을 따라 어렵지만 생명을 주는 곳으로 가라. 그것은 희생을 요구한다 (마 7:14).
- 매일 예수 그리스도와 동행하는 훈련을 하라. 예수님이 항상 당신의 앞과 뒤에 계시도록 하는 것을 삶의 궁극적인 목표로 세워라. 매일, 당신의 숨이 멎을 때까지, 그분께 가까이 가도록 노력하라. 이렇게 한다면 당신의 삶은 의식하지 못하는 사이에 절제에 의해 다스림 받을 것이다.

실천 과제

절제를 가꾸는 위의 질문들과 제안들, 영적 훈련들을 다시 한 번 살펴보라. 이번 주에 배운 것이 있다면 친구와 나누고, 실천하고 싶은 것 한 가지를 선택하라. 그리고 한 달 동안 정기적으로 점검해 달라고 친구에게 부탁하라.

14
온유: 부드러움의 힘

갈등	열매	결과
분노	온유	내어 맡긴 만족
사람과 환경을 조종하고 통제하려는 열망을 드러내는 것	자신의 의지를 내려놓고 겸허히 다른 사람을 북돋는 것	자기 자신과 자신이 가진 것과 하는 일에 만족하는 것

폴   고도로 경쟁적인 일터에서 일이 되게 하는 능력은 중요한 경영 기술입니다. 만약 당신이 당신의 계획을 밀고 나가지 못한다면, 그것이 약함의 표시로 비춰지지 않을까요?

앨빈   내 계획에 맞춰 사람들을 분주하게 만드는 것이 꼭 나쁜 것은 아닙니다. 특히 그 계획이 하나님의 가치와 회사의 목표에 맞는다면 말예요. 확신에 찬 행동은 때로 좋은 것이 될 수 있어요.

폴   그 말씀은 일터에는 온유의 정신이 있을 자리가 없다는 뜻인가요?

앨빈   그렇진 않습니다. 한번은 상사 두 명이 저를 끌어들여 함께 파국으로 치달을지도 모르는 회의를 준비하고 있었습니다. 사태가 잘못되더라도 우리 책임자들 중 어느 누구도 쫓겨나지 않을 계획이 필요했습니다. 우리는 머리를 맞대고 전략을 짰고, 두 상사는 당근과 채찍의 양면 전략을 쓰자고 제안했습니다. 한 상사가 "앨빈에게 채찍 역을 시킵시다. 앨빈이 비난을 유포할 거예요"라고 말하자 다른 상사가 즉시 이렇게 대꾸했습니다. "그렇게 하면 실패합니다. 앨빈은 안 돼요. 그는 다른 사람을 깎아내리는 말을 해 본 적이 없어요. 그는 지나치게 온유한 사람입니다."

폴   다른 사람을 헐뜯거나 비난하지 않을 사람으로 알려지는 것은 정말 고마운 일이지요.

앨빈   맞아요. 정말 감사했어요. 이것이 '온유한' 사람으로 여겨져 기분이 좋았던 경우지요!

온유 다시 생각하기

성과 위주의 조직에서 온유한 관리자는 눈에 낀 먼지와 같다. 그는 아마도 거슬리는 존재일 것이다. 고분고분하고 비굴하고 약하고 수동공격성을 갖고 있고, 따라서 경계해야 할 사람으로 취급받을 것이다. 반대로 우리는 제너럴일렉트릭(General Electric)의 전 CEO인 '중성자탄 잭' 웰치 같은 타입의 저돌적인 리더를 보면 감탄한다. 이런 사실만 봐도 극도로 경쟁적인 일터에서 온유가 설 자리는 없을 것 같다. 하지만 일터야말로 하나님이 주신 온유의 자질이 가장 필요한 곳이다.

온유 또는 온순에 해당하는 헬라어는 프라우테스(*prajtēs*)이다. 성령의 열매 중 하나인 이 말은 또한 엄청난 속도와 힘을 지녔으나 고삐를 단 말, 낯선 사람에게는 사납지만 주인집 아이들에게는 다정한 개와 같이, 훈련받은 힘센 동물들을 일컫기도 한다. 이와 유사하게, 성경은 조용하지만 단호한 성품을 가진 온순한 사람은 자신의 욕구와 기질을 하나님께 기꺼이 내려놓는다고 말한다.

그 대표로 모세는 "온유함이 지면의 모든 사람보다 더[한]"(민 12:3) 사람으로 불렸다. 이는 그가 전적으로 여호와께 그의 모든 발걸음을 맡겼기 때문이다. 그는 말 더듬는 목자에서 선지자와 정치 지도자로 성장했다. 수천 년 후, 새로운 모세인 주 예수 그리스도는 그를 "온유하고 온순한 사람"이라고 말씀하셨다. 사도 바울은 온유가 그리스도인 지도자들이 적대적인 환경에서 활동할 수 있도록 돕는 핵심적인 속성이라고 말했다. 모세, 예수님, 그리고 바울이 결코 약한 사람이 아니었다는 것에 주의하라. 그들은 강인했다. 밀려드는 적수와 거센 대적들에 맞서, 그들은 가장 자비로운 마음과 온유한 영혼으로 대응했다. 바울은 하나님이 택하신 사람들은 온유의 옷을 입어야 한다고 말했다(골 3:12). 그는 그리스도인들에게 그들의 온유를 모든 사람에게 알게 하라고 강권했다(빌 4:5). '온유하라'는 이 강력한 권고는 성경에 적어도 12회 나온다.[1]

온유와 온순은 그 자체로 그리스도인의 영성에서 아주 가치 있는 속성이다. 이러한 자질은 강철 같은 용기를 가진 훈련된 사람들 안에게서 볼 수 있다. 온유는 힘과 능력을 사용하는 통로다. 이것은 강물을 거슬러 올라가는 3천 마력 예인선의 조종 장치와 같은 기능을 한다. 온유한 사람은 자신의 힘을 그보다 약한 사람에게 유리하도록 제어할 줄 아는 위대한 능력을 가졌다. 지혜로운 행동과 시의적절한 말은 아무리 거칠고 복잡한 환경에서도 변화를 일으킬 수 있다. "부드러운 혀는 뼈를 꺾는다"(잠 25:15)고 잠언 저자는 말한다.

일터에서의 온유

　우리 주 예수님은 전 생애를 통해 온유를 구현하셨다. 그분은 일터에서 온유한 영혼이 되고자 하는 우리의 역할 모델이시다. "나는 마음이 온유하고 겸손하니…내게 배우라"(마 11:29). 예수님의 제자 마태는 예수님의 태도와 행동이 이사야서에 나오는 고난받는 종과 일치한다고 결론내렸다. "상한 갈대를 꺾지 아니하며 꺼져 가는 심지를 끄지 아니하기를 심판하여 이길 때까지 하리니"(마 12:20). 예수님은 산산조각 나 버릴 것같이 위태로운 사람들을 온유함으로 대하셨다. 그분은 약한 자들과 고통당하는 자들을 위로하시고 힘을 부어 주셨다. 예수님은 사람들을 고무시켜 변화되도록 도우셨다. 예수님을 만나 회개한 사람들은 결코 절망하지 않았다.

　이러한 온유함은 다른 사람의 인격을 깊이 존중한다. 온유한 사람은 어떤 강압이나 협박, 위협도 힘써 피한다. 온유한 사람은 가능하면 친절한 행동이나 설득하는 말로 잘못된 태도를 바꾸려고 할 뿐, 다른 사람의 의지를 억지로 꺾으려고 하지는 않는다. 온유한 사람은 다른 사람의 속도에 맞춰 그가 기꺼이 변화되고자 하거나 변화를 받아들일 준비가 될 때까지 기다린다. 당신은 바로 이런 사람이 당신의 상사나 지도자이기를 바랄 것이다. 그는 자기 확신이 있기에 당신의 필요에 가장 적합한 방식으로 당신에게 힘을 줄 것이다.

　일터에서 당신의 생활을 돌아보면서, 아래 질문들을 기준 삼아 성령의 온유하신 역사가 당신의 삶에 임했는지 살펴보라.

○ 당신은 아랫사람들의 실수를 용납하는가? 그들이 실수할 때 당신은 단호하지만 자비로운 태도로 그들을 대하는가?

○ 비서나 구내식당에서 일하는 사람에게 말할 때와 CEO에게 말할 때 똑같이 존중하는 태도를 보여 주는가?
○ 당신은 즐겁게 다른 사람들을 섬기는가?
○ 당신은 성령의 세미한 음성에도 응답하는가? 아니면 무거운 징계를 받고 난 다음에야 정신을 차리는가?
○ 당신은 모르는 것을 인정하고, 온유하고 온순한 자세로 기꺼이 가르침을 받는가?
○ 당신은 당신을 반대하는 사람들, 상사, 동료, 그리고 협상 파트너가 아무리 어렵다 하더라도 그들의 말을 경청하는가? 아니면 당신의 생각을 강요하며 복종하도록 을러대는가?
○ 당신은 화를 내지 않으면서도 꾸짖을 수 있는가? 무시하지 않으면서도 주장할 수 있는가? 모든 사람에게 예의를 갖추어 대할 수 있는가?
○ 누군가를 바로잡거나 피드백을 할 때, 그에게 희망을 심어 주고 더 나아지고자 하는 결의를 갖게 해주는가? 아니면 용기를 잃거나 낙담하게 만드는가?

온유의 열매 가꾸기

우리는 우리 힘으로 온유한 영혼이 될 수 없다. 온유함은 성령의 열매다. 성령 때문에 우리가 강하다는 것을 진정으로 알 때 우리는 상대를 밀어붙이거나 거만하게 대하지 않는다. 또한 싸우거나 호전적인 태도를 보이지 않는다. 이는 속으로는 자신들이 약하다는 것을 느끼지만 겉으로는 힘을 과시하려고 돈이나 명성을 긁어모으는 사람과 대조를 이룬다.

깊은 차원에서 온유한 사람은 양도, 포기, 순종, 그리고 복종의 단계를 거쳐 간다. 그들은 기꺼이 빚어질 마음가짐이 되어 있다. 권력을 포기하려는 마음가짐은 다른 사람을 대하는 방식에 근본적인 변화를 일으킨다. 바울은 디도에게 "모든 선한 일을 행하고…모든 사람에게…온유함을 나타내라"(딛 3:1-2)고 말했다. 이렇게 하기 위해서는 다른 사람이 당신에게 잘못하더라도 참고 기꺼이 도와야 한다.[2]

온유한 사람은 무엇을 하고 무엇을 하지 않을까?

○ 온유한 사람은 가혹한 말이나 냉담한 무시로 다른 사람에게 상처를 주지 않는다.
○ 그들은 자신도 죄에 취약함을 인정한다. 그래서 다른 사람의 고민에 깊이 공감한다.
○ 그들은 자신을 조롱하고 무시하는 사람들과 맞서게 되었을 때 '온유와 두려움으로' 대응한다(벧전 3:15).
○ 그들은 압력, 특히 윤리적 원칙을 타협하라는 압력에 양보하거나 굴하지 않는다. 그들은 연약해 보일지 모르나, 그들의 목표는 사람들로 하여금 하나님과 화해하고 서로 화해하도록 돕는 것이다.
○ 그들은 다른 사람의 고통을 마주하게 되었을 때 무관심하거나 당황하지 않는다. 그들 역시 고통을 견디고 매일의 십자가를 하나님이 주신 선물로 기뻐하면서 받아들이는 것이 무엇인지 배웠기 때문이다.

우리가 온유함의 길을 선택한다면, 우리는 우리를 사랑하시는 온유한 하나님의 실재를 알게 되기 때문에 자유로워진다. 우리는 우리를 만나는 사람들에게 회복의 샘 또는 원천이 된다. 이집트 출신의 지혜로운 여성 사막 수도자 싱클레티카(Amma Syncletica)는 이렇게 말했다. "모세의 온유함을 선택하라. 그러면 바위 같은 당신의 가슴이 샘이 될 것이다."[3]

실천 과제

작가이자 '복음주의영성센터'(Center for Evangelical Spirituality) 설립자인 게리 토마스(Gary Thomas)는 온유한 마음을 기르기 위해 다음의 세 단계를 제안했다.[4]

1. 예수님의 온유함에 주의를 기울이라(사 40:11; 42:3; 벧전 2:23). 예수님이 홀대받으면서도 보복하지 않고(충분히 그렇게 할 수도 있었다) 참을 수 있었던 이유는 무엇일까?

2. 당신 자신을 온유하게 대하라. 당신이 완벽하지 못할 때 자신에 대해 어떤 감정을 가지게 되는가? 해당되는 단어들에 체크하라. (그리고 떠오르는 다른 단어들을 첨가하라.)
   - 화가 난다
   - 창피하다
   - 싫다
   - 한심하다
   - 비관적이다
   - 실망스럽다
   - 용서한다

○ 받아들인다

 ○ 당황스럽다

 ○ 체념한다

 ○ 자신만만하다

 ○ 슬프다

다음의 성경 본문들에 나오는 사람들(그들은 어떤 식으로든 모두 실패한 사람들이었다)을 예수님은 어떻게 대하셨는가?(눅 7:36-50; 19:1-10; 23:39-43)

3. 다른 사람을 온유하게 대하라. 누군가 당신을 실망시키면 당신을 어떻게 반응하는가? 다른 사람에게 온유함을 보이라고 말하는 구절들을 요약하라(살전 2:7; 딤전 6:11; 딤후 2:24-25; 벧전 3:8-9; 3:15). 예수님의 온유한 만지심이 필요한 사람들이 당신 주변에 있는가? 그들에게 온유함의 통로가 되려면 어떻게 해야겠는가?

15
충실: 일터에서의 신실함

갈등	열매	결과
나태	충실	생명을 주는 리듬
최소한의 일이나 전혀 중요하지 않은 일을 하고, 안이함을 좋아하는 것	중요한 일을 맡기면 끝까지 완수하며 전적으로 신뢰할 수 있는 것	일에 사로잡히지 않으면서도 훌륭하게 일을 해내는 삶의 패턴을 경험하는 것

앨빈 폴, 당신은 결과가 즉각적으로 드러나지 않는 수많은 프로젝트들을 해왔습니다. 일이 어려울 때에도 전심으로 성실하게 그 일을 할 수 있었던 이유는 무엇이었나요?

폴 목사직에서 물러나 목수가 되었을 때, 저는 숙련공이 되려면 단순히 마름질만 잘하면 되는 게 아니라는 것을 배웠습니다. 목공 프로젝트를 맡고 상사와 제가 직면한 가장 큰 도전은 그 프로젝트를 '끝마치는' 것이었지요. 새로운 프로젝트를 시작하기는 쉽지만, 손댄 일을 마치기까지는, 그러니까 우리가 보수를 받기까지는 많은 시간이 필요하다는 것을 알게 되었습니다. 그때 저는 신뢰를 얻고 끝까지 해낼 수 있는 능력을 보여 주는 것이 얼마나 중요한지 배웠습니다. 결국 그 회사와 동업 관계를 맺고 계속해서 일할 수 있었어요.

앨빈   목사에서 목수로, 꽤 변화가 컸네요. 완전히 다른 일을 하면서 알게 된 것이 있나요?

폴   대부분의 직업이 경력자들에게만 열려 있다는 것을 알았습니다. 그런 접근 방식은 잘못된 것이에요. 비자 인터내셔널(Visa International) 대표인 디 호크(Dee Hock)는 이렇게 말했지요. "우리는 가장 먼저 성실함을 기준으로 고용하고 승진시켜야 한다. 둘째는 동기, 셋째는 능력, 넷째는 이해력, 다섯째는 지식이다. 그리고 마지막으로 가장 덜 중요한 것이 경험이다." 그는 또 이렇게 말했습니다. "성실함이 없는 동기는 위험하다. 동기가 없는 능력은 무능력하다. 능력이 없는 이해력은 한계가 있다. 이해력 없는 지식은 무의미하다. 지식이 없는 경력은 맹목적이다. 경험은 다른 자질을 갖춘 사람들에게 쉽게 전수될 수 있고 신속하게 활용될 수 있다."[1]

앨빈   제가 일했던 몇몇 회사들은 돈이 생산력을 높일 수 있는 최고의 동기 부여라고 생각하는 것 같아요.

폴   절대 그렇지 않습니다. 돈은 최고의 사람을 만들 수도 없고, 사람들로부터 최고의 것도 끌어낼 수 없지요. 핵심은 많은 시간을 들여 자기 자신과, 자신의 윤리, 성품, 원칙, 목적, 동기, 그리고 행동을 관리하는 것입니다.

충실 다시 생각하기

충실한 사람은 일터에서 높은 평가를 받는다. 그들의 말은 믿음직스럽다. 지켜보는 사람이 없어도 일이 된다. 사람들이 보고 있을 때에는 아무것도 숨길 것이 없다. 그들은 업무 수행에 전념한다. 그렇다고 그들이 꼭 회사에서 슈퍼스타인 것은 아니다. 때때로 그들은 새로운 도전을 떠맡을 때 망설일 수도 있다. 그들이 게을러서가 아니라 그 일이 얼마나 중요한지, 또 자신이 약속을 이행할 수 있을지 확신이 필요하기 때문이다. 그들은 신뢰할 만하다. 충실한 사람의 두드러진 특징은 정직하고 온전한 성품이다.

헬라어로 피스토스(pistos)는 믿고 의지할 수 있을 만큼 충실하게 일하는 사람을 일컫는 말이다.[2] 예수 그리스도는 충실한 일꾼을 완벽하게 구현해 내셨다. 그분은 십자가 위에서 당신의 구속 사역을 완수하시고, 우리의 죄를 용서하시고, 하나님의 임재로 우리를 데려가시며 충실한 대제사장이 되셨다. 신학자 윌리엄 바클레이는 예수님의 충실하심은 인간이 예수님께 의존할 뿐 아니라 "하나님도 예수님께 의존할 수" 있을 만큼 본보기가 된다고 주장한다.[3]

성령의 열매를 받을 때, 우리는 충실하신 하나님의 성품을 받는다. 하나님께 의지할수록 우리는 더욱 충실해진다. 이러한 충성의 자질은 종의 모습에서 찾아볼 수 있다(딛 2:10).

일터에서의 충실

일터에서 충실은 먼저 정직하고 온전한 성품을 통해 표현된다. 온전한 사람은 내적 삶과 외적 삶이 일관된다. 충실하게 행동하는 사람은 믿고 의지할 만하며, 투명한 삶을 산다.

따라서 정직하고 온전한 성품은 충실과 동의어다. 예일 대학교 로스쿨의 스티븐 카터(Stephen L. Carter) 교수는 온전함(충실)을 다음과 같은 능력으로 정의한다.

1. 옳고 그름을 분별할 수 있다.
2. 개인적인 희생이 따르더라도 분별한 대로 행동할 수 있다.
3. 사람들이 옳고 그름을 바르게 이해하고 있는지 솔직하게 말할 수 있다.[4]

신명기 17:15-20에서 하나님은 통치하는 왕의 속성으로서의 온전함을 말씀하신다. 모든 지도자는 여섯 가지의 영역에서 충실함을 나타나야 한다.

1. 사회적 충실함: "네 형제(community) 중에서 한 사람을 네 위에 왕으로 세우라"(신 17:15). 마음을 다해 조직에 참여하지 않으면, 어느 누구도 그 조직에 영향을 끼칠 수 없다. 이 충고는 새로운 임원이나 목사를 임명하는 과정에서 종종 주목받지 못한다.

2. 재정적 충실함: "그는 병마를 많이 두지 말 것이요…자기를 위하여 은금을 많이 쌓지 말 것이니라"(신 17:16, 17). 오늘날 CEO들은 신입 사원의 2, 3백배 되는 보수를 받으면서도 전혀 거리낌이 없다. 또한 많은 기업 및 정치 지도자들이 주주들과 시민들의 몫을 탈취하고 있다. 재정적 충실함이 없는 사람은 성실하게 일할 수 없다.

3. 교육적 충실함: "왕은 백성을 바르게 이끌어야 하며 어리석음에서 끌어내야 한다"(신 17:16). 이와 동일하게 지도자들은 비전을 제시할 때 성실한 모습을 보여 주어야 한다. 자신의 능력에 대해 '경험적으로 증명'하려 하지 말고, 하나님에 대한 더욱 큰 신뢰와 소망을 분명하게 표현해야 한다.

4. 성적 충실함: "그에게 아내를 많이 두어 그의 마음이 미혹되게 하지 말 것이며"(신 17:17). 지도자들이 타락하는 가장 일반적인 영역이 바로 성적

정절의 영역이다. 거만함으로 으스대고 속물근성으로 가득 찬 그들은 사람들 앞에서 신뢰와 성실을 허무는 스릴을 추구한다.

5. 도덕적 충실함: 왕의 도덕적 품행은 더 큰 권위에 묶여 있다. "그가 왕 위에 오르거든 이 율법서의 등사본을 레위 사람 제사장 앞에서 책에 기록하여 평생에 자기 옆에 두고 읽어…"(신 17:18-19). 하나님이 빚으신 도덕적 양심이 없다면 사람들은 제멋대로 될 것이며, 중요한 임무를 해내기 위한 성실함이 사라질 것이다.

6. 관계적 충실함: "그이 마음이 그의 형제 위에 교만하지 아니하고…"(신 17:20). 여기 가장 큰 도전이 있다. 높은 지위에 있는 사람은 자신보다 나은 사람이 없다고 생각하기 쉽다. 그러나 겸손과 온유함은 지도자, 혹은 하나님을 따르는 모든 사람의 특징이 되어야 한다.

충실의 열매 가꾸기

일터는 우리에게 하나님이 절실하게 필요함을 알게 해주는 중요한 곳이다. 달리 말하면, 성품을 변화시키기 위해 우리는 하나님을 구하고, 주리고, 갈망해야 한다. 우리는 하나님의 도우심 없이는 충실한 일꾼이 될 수 없다. 하나님의 도우심을 구하는 첫걸음은 우리가 성장해야 하는 부분이 무엇인지를 분별하는 것이다. 다음의 세 가지를 훈련해 보라.

1. 피드백을 요청하라. 어느 부분에서 성장할 수 있는지 동료들에게 피드백을 구하라. 변명하려 하지 말고 어떤 비판도 경청하라. 비판은 그것이 진실이든 아니든 우리 안에 있는 모순된 것들을 드러내 준다.

2. 다른 사람을 실망시켰던 구체적인 경우를 잘 생각해 보라. 무슨 일이 있었나? 무엇이 그 관계에서 당신을 불성실한 사람으로 만들었는가?

3. 일터에서 겪었던 실패를 되돌아보라. 그것은 위에 열거한 왕의 여섯 가지 충실함 중 어떤 것과 관련 있는가?

위의 질문들과 연습들은 지나치게 내적 성찰을 지향하는 것 같지만, 우리의 분열된 자아에 관해 올바른 지식을 얻게 해주기 때문에 생명을 주는 것들이다. 폴란드 추기경 비진스키(Wyszyński)는 이렇게 지적한다.[5] "외부의 일이 없다면 우리는 우리 자신을 완전히 알지 못할 것이다. 오직 매일 일하는 동안에만 우리 자신을 눈여겨볼 수 있는 완벽한 기회를 갖는다. 그렇게 할 때 우리는 확실히 우리 안에 있는 선과 악을 발견하고, 우리의 장점과 결점을 깨닫게 된다." 아킬레스건이 노출될 때 우리는 하나님 앞에 내려놓음의 자세로 나아갈 수 있게 되며, 성실한 종이 될 수 있도록 도와 달라고 겸손하게 요청하게 된다.

또한 당신은 하나님께 다음과 같은 것을 실천할 수 있도록 끈기와 용기를 달라고 간구할 수 있다.

1. 동료나 친구에게 나눔을 위한 책임 있는 파트너가 되어 달라고 요청하기. 그들을 대할 때 한층 더 솔직히 당신의 약함을 고백하라. 친구에게 당신이 결심대로 행하는지 재차 확인해 달라고 요청하라.

2. 하나님께 즉시 순종하기. 성령의 인도하심이 느껴진다면 망설이지 말라. 당신의 행동을 자랑하지 말고 대범한 사랑으로 즐겁게 행하라.

3. 충실함을 길러야 할 영역 하나를 선택하기. 일터에서 당신에게 맡겨진 임무나 삶의 구체적인 영역을 확인하라. 그 작은 영역에서 충실함을 배

울 때, 큰 일에도 충실해질 것이다. 적어도 당신은 지킬 수 없는 약속을 하게 되진 않을 것이다.

실천 과제

1. 충실의 열매를 가꾸기 위한 단계들과 제안들을 다시 살펴보라. 가장 중요한 영역을 선택하고, 하나님의 성품이 당신 안에서 나타날 수 있도록 간구하라.

2. 리더에게 필요한 여섯 가지 충실함의 영역을 다시 살펴보고, 삶의 어떤 영역에서 성령의 도우심이 필요한지 생각하라. 당신이 충실한 일꾼이 되는 데 필요한 몇 가지 (단기 혹은 장기적인) 목표를 적어라. 매일 마음에 새길 수 있도록 (예를 들어, 욕실 거울 같은) 잘 보이는 곳에 붙여 두라.

16
친절: 다른 사람의 마음을 편하게 해줌

갈등	열매	결과
질투	친절	이웃 사랑
다른 사람이 잘되거나 재산이 늘어나는 것을 보고 괴로워 하는 것	다른 사람의 재능과 성취를 기뻐하고 그들을 편안하게 해주는 것	다른 사람의 필요를 채우고 그들의 안녕을 위해 기여하는 것

앨빈　순진한 질문처럼 들릴지 모르겠지만, 만약 사업, 정치, 기독교 단체의 지도자들이 서로를 친절하게 대한다면 어떻게 보일까요?

폴　저의 아버지가 그랬습니다. 철강 회사 대표였는데, 친절을 실천했던 분입니다. 저는 여름만 되면 아버지 회사에서 여러 가지 일을 도왔는데, 펀치 프레스, 창고, 선적, 임금 대장, 서류 정리 같은 일을 했지요. 그래서 저는 아버지의 일하는 모습을 눈여겨볼 수 있었어요. 그분의 사무실은 늘 열려 있었고, 하루 종일 사람들이 드나들었답니다. 아버지는 사람들을 환대했고, 경청했고, 편한 마음을 갖도록 대해 주었어요. 그분은 실수한 사람들을 용서했습니다. 아버지가 은퇴를 하시고 나서 한참 뒤에, 제 사촌이 전에 아버지 회사에서 청소 일을 하시던 분을 만났어요. 그분은 제 아버지 어니스트 스티븐스 씨가 자기를 존중해 주었고 중요한 사람으로 여겨 주었다고 말했다더군요.

앨빈   부친 이야기는 진정한 환대가 무엇인지를 보여 주는 것 같습니다. 친절은 중심에서부터 일어나는 것입니다. 그것은 시스템이나 과정으로 매뉴얼화 할 수 없는 것입니다. 친절을 행동으로 실천하는 것은 마음의 문제이지요.

폴   맞아요. 언젠가 라르쉬 공동체를 설립한 장 바니에(Jean Vanier)의 말에 깊이 도전받은 적이 있습니다. 그는 방 문을 열어놓기로 결심한 많은 책임자들이 (직원들에게 언제든 들어와서 농담을 해도 좋다고 말하면서) 실제로는 너무 바빠서 직원들을 환대할 수 없다는 것만 보여 주었다고 말했지요. 그것도 수천 가지 아주 사소한 이유들 때문에요. 결국 이렇게 말한 셈이죠. "내 사무실 문은 열려 있을지 모르지만, 내 마음은 닫혀 있다."[1)]

앨빈   친절은 저절로 나오지 않습니다. 특히 목표 지향적이고 결과에 집착하는 사람들에게서는요.

폴   하지만 성령이 힘을 주시면, 우리는 사람들을 편안하게 하고 그들의 재능과 성취를 기뻐할 줄 아는 법을 배울 수 있습니다.

친절 다시 생각하기

우리는 보통 일터에서의 친절을 동료, 공동체, 그리고 자기 자신을 친절하게 대하는 것이라고 생각한다. 친절은 동료를 돌아보고 존중하는 것이다. 예를 들어 같이 커피를 마시는 것, 비서실 직원들에게 쿠키를 만들어 주는 것, 사무실 청소부와 잡담을 하는 것, 또는 신입 직원이 편안하게 느끼도록 도와주는 것이다. 친절은 또한 자신이 속한 공동체 밖으로도 흘러나갈 수 있다. 출근길에 노숙자에게 잔돈을 주는 것, 자연재해를 입은 사람들을 위한 구호품을 모으는 것, 동료들을 모아 자선 활동을 나가는 것같이 또 자기 자신에게 베푸는 친절도 있다. 스트레스를 관리하고, 운동을 하고, 일과 생활의 균형을 모색하는 것이 여기에 포함된다. 매정한 회사와 관리자들은 친절을 전혀 중요하지 않고 긍정적 효과는 없는 어리석은 개념으로 치부한다. 그러나 대부분의 인사관리 전문가들은 다르게 말한다. 그들은 친절한 일터는 고용 유지와 직원 참여를 향상시킨다고 강조한다.

친절에 해당하는 헬라어 크레스토테스(chrestotes)는 신약 성경에서 종종 하나님과 관련이 있다. 하나님은 판단을 보류하시고, 기꺼이 용서하시고, 선한 사람과 그렇지 않은 사람 모두에게 햇볕과 비를 내려 창조 세계와 사람들을 친절하게 돌보신다. 하나님은 우리가 깊은 환대와 수용, 자유를 경험할 수 있는 공간과 시간을 창조하신 주인이시다. 시편에서 하나님은 우리를 내버려두지 않으시고 가난한 자와 고난당하는 자를 돌보심으로 친절을 보여 주신다(시 140:12). 무엇보다도 하나님이 보여 주신 최고의 친절은, 윌리엄 바클레이가 말했듯이, 예수님이 하늘의 특권을 포기하시고 낮은 인간의 모습을 취하셨을 때 드러냈다.[2]

친절은 두려움, 숨겨진 의도, 그리고 속임수를 제거한다. 고전 평론가 플러머(Plummer)는 "친절은 다른 사람을 편안하게 하고 고통을 주지 않도록 조심하는 것"이라고 말한다.[3] 친절의 정반대에는 질투가 있다. 질투는 다른 사람의 행복을 보며 기분을 상하게 만들지만, 친절은 다른 사람의 성공을 보며 기뻐하게 만든다. 질투는 사람들을 깎아내리려고 하지만, 친절은 사람들을 세워 준다. 예수님의 친절을 보여 주기로 결정할 때, 우리는 이기심을 버리는 여정에 들어설 수 있다.

일터에서의 친절

일터는 하나님의 친절을 사람들에게 베풀 수 있는 기회를 매일 제공한다. 사도 바울은 "서로 친절하게 하며 불쌍히 여기며 서로 용서하기를 하나님이 그리스도 안에서 너희를 용서하심과 같이 하라"(엡 4:32)고 말한다. 하나님은 우리를 용서하시고 우리에게 자비를 보여 주셨다. 따라서 우리 역시 변덕스러운 상사에게 자비를 보여 주고, 까다로운 고객을 무시하고 싶은 유혹을 물리치고, 우리에게 잘못한 동료를 용서하라는 명령을 받았다.

그러나 친절은 일대일 관계에서만 표현되어서는 안 된다. 친절은 조직의 문화와 가치에서도 구현되어야 한다. 우리가 이러한 역할을 해야 한다. 오늘날 많은 회사들이 특히 시스템, 구조, 정책에서 직원들에게 친절을 구현하지 않는다. 군살을 빼야 하고 글로벌 경쟁이 치열한 시대이다 보니, 주주들은 종종 업무를 통합하고 더 큰 책임을 창출하는 임원에게 보상을 한다. 그 결과 밑에 있는 사람들이 스트레스를 받고, 과로하고, 보수를 적게 받게 된다.

우리는 하나님이 보여 주신 친절을 구현하기 위해 나아가야 한다. 그러기 위해서는 조직 문화가 어떻게 작동하는지를 먼저 이해해야 한다. 에드가 샤인(Edgar Schein)의 독창적인 논문은 다음과 같은 것들을 조직 문화의 핵심 요소로 정의한다.

1. 집단 안에서 준수하는 행동 규칙들(예를 들어, 질은 15분 일찍 출근하는 모범적인 직원으로 제시된다).
2. 집단의 지배적 가치(영업 매니저인 조는 어떤 허위 진술도 거래가 성사되는 한 용납될 수 있다고 생각한다).

3. 집단의 규칙 또는 '끈'(존은 주말마다 상사와 스쿼시를 하는데, 그것이 승진할 수 있는 길이기 때문이다.)
4. 전반적인 정서 또는 분위기(진은 회의 중에 자신이 우려하는 바를 말하지 않는다. 그의 상사가 부정적인 것을 받아들이지 않기 때문이다.)

샤인은 문화와 신념을 공유하는 조직의 구성원들은 종종 무의식적으로 행동한다고 말한다.[4] 조직 문화는 하룻밤 사이에 형성되는 것이 아니라 긴 과정을 거쳐 형성된다. 설립자나 설립자들의 카리스마가 그 회사의 미래를 결정짓는 문화적 DNA 역할을 하는 것이다. 그러나 회사가 발전하면서 다음과 같은 일들이 일어난다.

○ 직원들이 무의식적으로 설립자의 생각을 당연하게 받아들인다.
○ 어떤 회사는 설립자가 죽거나 떠나는 것을 결코 '허락하지' 않는다.
○ 조직 문화에는 설립자의 능력뿐 아니라 그의 약점까지도 담겨 있다.

경영 변화에 관한 책들이 언급했듯이, 회사의 문화를 바꾸기란 매우 어렵다. 보통 변화를 시도하는 사람은 누구든지 그 문화의 공공연하고 은밀한 저항을 받는다. 샤인은 그러한 약점들을 제거하려 하기보다는 정반대의 접근을 시도하는 것이 더 효과적이라고 제안한다. 우리의 전임자들이 이룬 공헌들을 가능한 많이 찾아내고, 그들이 조직을 위해 한 일들에 찬사를 보내라는 것이다.[5] 이렇게 하면 그 조직의 구성원들이 새로운 변화의 길로 나아가게 될 것이다.

친절의 열매 가꾸기

친절을 실천하는 것은 어떤 사람에게는 더 쉽고 자연스러운 일일 수 있다. 그러나 하나님의 영은 누구에게나 예수 그리스도를 통해 친절을 보여 주셨다. 따라서 우리는 동료들에게 하나님의 친절을 어떻게 보여 줄 수 있는지 알려 달라고 기도해야 한다. 그러면 우리는 다양한 상황에서 다양한 사람들을 사랑하기 위해 하나님과 함께 어떤 역할을 감당해야 하는지 알 수 있을 것이다.

친절이라는 성령의 열매를 가꾸기 위해 다음의 것들을 제안한다.

○ 태도 바꾸기: "나는 다른 사람들이 나에게 친절을 베풀 때까지 기다리지 않을 것이다." "내가 먼저 시작할 것이다." "다른 사람들을 응시하고, 주의해서 경청하고, 그들이 말하지 않는 필요에 민감할 것이다."

○ 아랫사람에게 다가가기: 당신의 경력에 관심을 갖고 있는 젊은 직원들의 멘토가 되어라. 함께 점심을 먹고 '경험을 통해 얻은 교훈'을 공유함으로 신입 직원들을 환대하라. 수줍음이 많은 사람들이 편안한 마음을 가질 수 있도록 도와주어라. 기술을 가르쳐 주고 다른 사람에게서 배워라.

○ 동료나 상사에게 다가가기: 애정을 갖고 경청하라. 당신과 사이가 좋지 않거나 힘든 시간을 보내고 있는 사람에게는 한 턱 내거나 격려의 쪽지를 남겨라. 외근하는 직원들을 도와주어라. 상사와 감독에게 감사를 표하라.

○ 조직 외부의 사람들에게 다가가기: 고객과 동료들에게 감사의 쪽지를 보내라. 친구와 동료들을 모아 가치 있는 일에 재능과 시간을 기부하라. 과도한 업무를 줄이고, 사랑하는 사람들과 더 많은 시간을 보내라.

실천 과제

1. 당신이 속한 조직 문화는 친절을 구현하고 있는가? 그것이 어떻게 나타나고 있는가?

2. 당신은 일터 문화에 어떻게 기여할 수 있겠는가? 태도를 바꾸고, 조직 내부의 사람들에게 다가가고, 회사 외부에 있는 사람들에게 다가가는 것을 통해 당신이 실천할 수 있는 친절한 행동에는 어떤 것들이 있는가?

17
인내: 지금 있는 곳에서 소망함 갖기

갈등	열매	결과
동요	인내	소명에 대한 확신
어딘가에 더 좋은 곳이 있을 것이라고 항상 생각하고 느끼는 것	의미와 희망을 갖고 당신의 자리를 계속 지킬 수 있는 능력을 갖는 것	하나님의 뜻 안에서 하나님의 일을 하고 있다고 확신하는 것

앨빈 동요의 위험에 대해 깊이 생각할 수 있도록 도전을 주셔서 감사합니다. 상황이 힘들어질 때도 도망가지 않고 끝까지 참는다는 것은 참 중요한 것 같습니다. 모든 일에 인내와 소망을 갖기 위해서는 어떻게 해야 할까요?

폴 솔직히 저도 종종 동요를 느낍니다. 리젠트 칼리지에서 가르쳤던 20년을 빼고는, 저도 4년 주기로 직업을 바꾸었지요. 목회, 학생 사역, 목수, 사업, 학장, 교수, 그리고 직업 멘토, 이렇게 말예요.

앨빈 그렇지만 리젠트 칼리지에서는 오랜 기간 계셨습니다. 틀림없이 인내에 관해 무엇인가 배우셨을 것 같습니다.

폴 저도 그랬길 바라요. 비진스키 추기경이 다시 도입한 14세기 단어 '끈기'가 생각납니다. 끈기는 사소한 이유로 일을 바꾸지 않겠다고, 또 항상 새로운 일을 동경하지 않겠다고 결정하고, 오랫동안 지속하는 능력입니다. 인내에 대한 이러한 시각이 리젠트 칼리지에서 교수와 학장으로 있는 동안 도움을 주었지요.

인내 다시 생각하기

교통체증, 맡은 일을 미적거리는 직원, 거만한 상사, 지겨운 일, 성미 급한 동료 등 일터는 갖가지 방식으로 우리의 인내를 시험한다. 성급하기로 유명한 영국 전 총리 마가렛 대처(Margaret Thatcher)는 이렇게 말했다. "나는 인내심이 굉장히 강한 사람이다. 끝까지 내 방식대로만 간다면." 어떤 사람들은 인내를 정신력이 약한 사람들이 보이는 소극적인 자세라고 생각한다. 그렇지만 성경에 나오는 '인내'에 해당하는 히브리어와 헬라어는 인내하시며 위대한 일을 하시는 하나님을 나타내는 데 자주 사용된다. 하나님은 사람들의 죄를 참으시고 반역을 물리치시며 결코 포기하지 않으시는, 사랑과 인내가 확고부동한 분이시다. 예수님은 우리의 모델이시다. 만유의 주인이신 예수님은 자신의 인간적 한계들을 짊어지셨다. 그분은 자신이 저지르지 않은 죄 때문에 처벌을 받으셨다. 예수님의 절대적 인내의 행동은 십자가에 달리시기로 결정한 데 있다. 예수님은 십자가 위에서 천군에게 자신을 고통에서 구하라고 명령하실 수도 있었지만 그렇게 하지 않았다. 이것이 바로 거룩한 인내의 특징이다.

성령의 열매인 인내는 예수 그리스도의 작품이다. 그분은 우리가 일에 대한 끈기를 가짐으로써 더욱 하나님을 닮아가도록 도우시며, 우리에게 소망을 주시고, 우리가 소명을 지켜나갈 수 있도록 도우신다. 무엇보다도 인내는 우리 삶의 영속적인 또는 지속적인 목표를 그리스도 안에서 성취시킨다. 인내는 지금 우리가 있는 곳에서 의미와 소망을 찾는, 동요와 반대되는 능력이다.

그러므로 아브라함, 욥, 구약의 선지자들, 시므온, 바울, 요한, 그리고 신약의 사도들이 인내를 기르고 하나님을 기다리면서 고난을 견딘 것처럼(히 6:15; 욥 1:21; 약 5:10; 눅 2:25; 딤후 3:10; 계 1:9), 우리도 우리에게 경주를 '인내로써' 달리도록 부름받았다(히 12:1). 주어진 이블린 언더힐은 하나님이 평정 가운데 일하신다고 말했다. 평정은 속도와 별로 관계가 없다.[1] 다른 성령의 선물들처럼, 인내 역시 우리의 강인한 의지력으로 기를 수 있는 것이 아니라 어떤 환경에서도 하나님을 신뢰함으로 기를 수 있다.

일터에서의 인내

인내라는 성령의 선물은 일터에서 어려운 문제에 부딪혀 달아나고 싶을 때마다 우리에게 필요하다. 인내는 우리가 심각한 실수를 했을 때 특히 필요하다. 우리가 푸른 초장의 헛된 꿈에 빠져 있을 때, 또 우리에게서 용기와 동기가 사라져 버렸을 때도 마찬가지다.

교황 요한 바오로 2세의 멘토였던 비진스킨 추기경은 "날마다 일을 하면서 얻은 최고의 덕은 인내다"라고 말했다. 그는 인내를, 한 계단 한 계단 밟고 올라가면 하나님께 더 가까이 다가갈 수 있는 사다리의 가로장에 비유했다. 그 사다리를 내려오게 만드는 유혹이 세 가지 있는데, 그것은 새로운 일을 갈망하는 것, 우리에게 맡겨진 일을 불성실하게 하는 것, 그리고 사소한 이유로 직업을 바꾸고 싶어 하는 욕구다.[2]

이러한 유혹과 싸우는 동안 우리는 우리의 일이 우리가 받은 소명의 한 부분인지 고심하게 된다. 만약 지금 하고 있는 특정한 일이 하나님이 주신 소명이라면, 우리는 계속 그 일을 해야 한다. 18세기 청교도 사상가 윌리엄 퍼킨스(William Perkins)는 이와 같은 생각을 매우 설득력 있게 개진하면서, 모든 사람은 부름받았으며 모든 소명은 (주부든 목사든 사장이든) 동등하다고 역설했다. 그리스도인이 된 사람은 각자의 소명을 발견할 수 있도록 도움을 받아야 한다.[3]

우리의 소명에 성실해지고자 노력할 때, 우리는 또한 인내력을 갉아먹는 죄된 성향들도 알게 된다. 야망이나 다른 사람들의 소명에 대한 시기 같은 것들 말이다. 소명을 지키는 능력을 무너뜨리는 가장 심각한 위협은 성급함인데, 이것은 문제가 생겼을 때 우리로 하여금 소명을 버리게 만든다. 소명을 포기하고 싶은 유혹을 받는 사람들에게 퍼킨스는 불굴의 의지를 촉구했다. "환자가 아무리 비명을 질러도 절개 수술을 계속 하는 외과의사처럼 당신의 소명을 계속하라!"[4] (퍼킨스는 마취법이 아직 개발되지 않은 시대에 살았다.)

그렇지만 인내한다는 것은 고집을 부리거나 행동을 미적거리는 것을 의미하지 않는다. 인생의 어떤 시기에는 유연함과 변화가 필요하다. 예수님과 사도 바울은 복음을 사람들에게 전하고 사람들의 필요에 응답하면서 대단한 융통성을 발휘했다. 그렇지만 예수님의 삶의 일반적인 패턴은 자신의 소명을 진실하고 성실하게 지켜 가는 것이었다. 그분은 제자들과 3년을 함께 지내셨다. 또한 해야 할 중요한 일들이 있었다. 하지만 결코 서두르지 않으셨다.

인내의 열매 가꾸기

인내라는 성령의 열매를 가꾸는 지름길이나 쉬운 길은 존재하지 않는다. 우리는 성품을 바꾸려는 기나긴 여정을 앞에 두고 지름길로 달려가고픈 유혹에 빠질 수 있다. 그러나 인내를 기르려면 시간이 필요하다. 또 종종 하나님이 움직이기 전까지 지금 있는 곳에서 기다려야 할 때도 있다. 하지만 기다리면서 무엇을 할 수 있을까? 다음과 같은 것들을 제안한다.

○ 무엇을 하든 쉽게 떠나지 않는 것을 삶의 기준으로 삼으라. 젊은 제자에게서 어떻게 하면 하나님을 기쁘시게 할 수 있는지 질문받았을 때, 동방 수도원운동의 창시자인 이집트의 안토니우스(Antonius of Egypt)는 이렇게 말했다. "그대가 누구든, 그대가 하는 모든 일에서 하나님을 그대의 눈앞에 모셔라. 성경이 증언하는 대로 그 일을 하라. 그대가 어디에 살든, 그곳을 쉽게 떠나지 말라."[5] 이 단호한 충고는 대부분의 직업에 적용된다. 어려운 일이 닥쳤을 때 끈기 있게 일한다면, 우리는 틀림없이 더 강하게 성장할 것이다.

○ 당신의 인내를 시험하는 구체적인 상황들을 깊이 생각해 보라. 야망과 시기는 인내를 방해한다. 더 나은 직업과 더 밝은 장래가 있어 보이는 사람들과 비교하기 시작할 때 당신은 조급해지기 쉽다. 그러나 하나님 앞에서 당신 손에 있는 바로 그것에-당신의 직업이든 프로젝트든 현재 맡고 있는 책임이든-선을 위한 위대한 잠재력이 있다는 것을 깨닫기 시작할 것이다.

인내는 억지로 웃으면서 고통을 참는다고 배울 수 있는 것이 아니다. 인내한다는 것은(즉, 현재 있는 곳에서 의미와 희망을 갖는다는 것은) 하나님의 타이

밍을 기다리는 것이다. 시편 저자는 이렇게 말했다. "여호와 앞에 잠잠하고 참고 기다리라. 자기 길이 형통하며 악한 꾀를 이루는 자 때문에 불평하지 말지어다. 분을 그치고 노를 버리며 불평하지 말라. 오히려 악을 만들 뿐이라. 진실로 악을 행하는 자들은 끊어질 것이나 여호와를 소망하는 자들은 땅을 차지하리로다"(시 37:7-9). 하나님을 기다리고 소망할 때, 우리는 우리 삶에서 일하시며, 의미와 목적을 주시며, 계속 나아갈 수 있는 힘을 주시는 하나님의 새로운 비전을 받게 된다.

실천 과제

1. 달아나고 싶은 충동 때문에 불안하거나 괴로웠던 적이 있다면 구체적으로 떠올려 보라.
   ○ '왜 하필 나인가'라는 생각이 들었는가?
   ○ 자기연민을 느꼈는가?
   ○ 하나님께 바로 지금 새롭게 해달라고 요청했는가?

2. 당신이 기꺼이 하나님께로 나아가고자 한다면, 다음과 같은 것들을 계속해 나가라.
   ○ 기도하면서, 동요와의 싸움에서 당신이 패했다는 것을 인정하라.
   ○ 힘을 주시는 성령의 임재 가운데 나아가 새롭게 해달라고 간구하라.

18
평화: 완전과 조화

갈등	열매	결과
권태	평화	마음을 천국에 둠
일과 삶에 대한 진심 어린 열정이나 관심이 부족한 것	어떤 상황에서도 온전함과 조화에 대한 열망을 갖는 것	자신의 일을 영원의 관점으로 보며 의미와 기쁨을 가지는 것

앨빈   얼마 전 우리가 함께 카누를 탈 때, 저는 간이 의자에 앉아서 짙은 구름 뒤로 해가 지는 것을 바라보고 있었습니다. 자주색 저녁놀이 산을 감싸고 있었고, 물결은 강가로 부드럽게 밀려가면서 찰싹거리는 소리를 냈지요. 그것밖에는 한 것이 없는데, 지루하지 않았습니다. 절대적인 충만함과 고요를 느꼈어요. 왜일까요? 우리가 완전한 평정심과 평화 속에서 살아가도록 지음받았기 때문일까요?

폴   우리가 강변 야영지까지 맞바람을 맞으면서 얼마나 힘들게 카누 페달을 밟았는지 잊은 것 같네요.

앨빈   맞아요. 그 희열을 얻느라 고생을 많이 했지요. 카누 여행을 마치고 일주일 동안 팔과 등이 얼마나 쑤셨는지 몰라요.

폴   사실 하나님이 우리에게 주시는 평화는 완전한 고요함을 갈망하는 것과는 관계가 없어요. 또 스트레스와 압박이 사라지는 것과도 관계가 없고요. 그것은 상황이 아무리 힘들어도 우리의 걸음을 도우시는 하나님의 임재, 곧 하나님이 우리 가운데 계심을 알게 되는 것이죠.

앨빈   사내 정치와 꼬리를 무는 회의가 기다리고 있는 세계로 돌아가서도 하나님의 평화를 발견하고 싶네요.

평화 다시 생각하기

일터를 평화의 지성소로 여기는 사람은 거의 없다. 현대의 회사들은 격렬한 경쟁과 경제적 불확실성, 주주들의 우려에 둘러싸여 있다. 업무 성과가 높은 핵심 직원들은 도전적인 과제들에 대해 '보상받을' 때 점점 더 많은 것을 성취해야 한다는 압박에 직면한다. 도전에 실패한 직원들은 열심히 하든지 아니면 회사를 그만두든지 하라는 소리를 듣는다. 오늘날 더욱더 많은 사람이 높은 스트레스를 받고 있으며, 관계와 휴식, 그리고 지금 하고 있는 일에 대한 반성의 시간을 갖지 못한 채 일하고 있다. 사람들이 평화를, 또는 조금 덜 심한 스트레스를 갈망하는 것은 이상한 일이 아니다.

기독교적 관점에서 보면, 하나님의 평화는 개인적인 스트레스 관리 그 이상을 요구한다. 리젠트 칼리지 영성신학 명예교수인 유진 피터슨(Eugene Peterson)은 예수님이 우리에게 주신 평화는 긴장이나 문제가 없는 것이 아니라 오히려 넘친다고 말한다. "평화는 비활동적이거나 정적인 것과 관계가 없다. 평화는 삶에 온전히, 활기 넘치게 참여하는 것을 뜻한다.…하나님의 평화가 임할 때, 모든 갈등이 사라지고 우리가 원하는 대로 조용하고 방해받지 않는 삶을 살 수 있게 되는 것이 아니다. 절대 그렇지 않다. 우리는 하나님의 방식대로 삶에 던져진다. 구원의 대활약을 하신 성부와 성자와 성령의 빛으로 가득 찬 활동에 참여하게 되는 것이다."[1] 하나님의 평화는 활력 넘치고, 열정 가득하고, 생기 충만하다. 이것은 지루함과는 극명하게 대비된다. 지루함은 우리에게서 생명을 빨아들여 우리를 병들게 하고, 우리의 일과 관계에서 열정을 앗아 간다.

평화에 해당하는 히브리어 샬롬(Shalom)은 '당신이 잘 되기를'이라는 뜻이다. 그리스도의 평화는 삶의 모든 영역에서, 자신뿐 아니라 동료와 조직과 하나님과 바른 관계를 맺도록 안내한다. 예수님은 공동체와 회사에 폭풍이 휘몰아치고 있을 때 외적 평화를 가져다주기 위해 오시지 않았다. 그분은 잘못된 평화 대신, 진리와 비진리를 나누고 우상 숭배와 진정한 하나님 섬김을 구분하는 검을 가져다주셨다(마 10:34). 그리고 예수님은 '화목 제물'이 되기 위한 발걸음을 떼셨다. 당신 스스로를 의로운 하나님과 죄악 된 인간 사이에 두신 것이다. 그분은 인간의 죄를 대신 지시고 둘 사이를 화해시키셨다.

일터에서의 평화

우리는 일할 때 하나님의 평화를 담는 그릇이 될 수 있다. 또한 일터에서 하나님의 평화를 전하는 통로가 될 수 있다. 최소한 세 가지 서로 다른 차원을 통해 하나님의 평화를 주고받을 수 있다.

1. 의로움과 정의를 통해 평화를 추구하라. 진정한 평화는 완전함과 조화를 향한 열정을 요구하며, 필요할 때면 언제든지 악과 불의에 맞서 싸운다. 시편 저자는 "정의와 화평이 서로 입 맞[출 것]"이라고 선언한다

(시 85:10). 일터에서 의로움과 정의를 추구한다면 우리 가운데 있는 고난당하는 사람들에 관심을 가져야 한다. 스트레스 없는 삶을 추구하고자 할 때 우리는 가난한 사람들의 곤경을 너무나 쉽게 간과하는데, 이는 진정한 기독교적 평화가 될 수 없다.

2. 대적과 우리를 탄압하는 사람들 가운데서 평화를 추구하라. 그리스도의 평화는 다양한 사람들을 조화롭게 함으로써 임한다. 일치를 강요하고, 긴장을 무시하고, 불일치를 감추는 것으로는 평화에 이를 수 없다. 프레드릭 뷰크너는 "예수님이 말씀하신 평화에는 갈등의 부재가 아니라 사랑의 실재라는 의미가 있었던 것 같다"고 말했다.[2]

예수님은 거듭해서 당신의 평화를, 일반적인 평화가 아니라 인간의 이해를 초월하는 평화를 약속하셨다. 그분은 "평안을 너희에게 끼치노니 곧 나의 평안을 너희에게 주노라"(요 14:27)라고 제자들에게 말씀하셨다. 이는 잡히시고, 군인들에게 고문당하시고, 인민재판을 받으시고, 종교 지도자들에게 조롱당하시고, 구경꾼들에게 사기꾼 취급을 당하시기 직전에 하신 말씀이었다. 하지만 그분은 십자가 위에서 죽어가시면서 모두를 용서하셨다. 인간의 이해로는 당혹스러운 것이지만 인간의 다툼 가운데 조화를 가져다 주신 우주적 행동이었다. 우리는 하나님의 축복으로 동일한 평화를 얻었다. 우리를 배신하거나 심하게 욕했던 상사나 동료를 용서하는 것은 그리스도의 평화를 전하는 것과 같다.

일터는 그리스도인이 피스메이커로 성장할 수 있는 수많은 기회를 제공한다. 일터의 갈등은 종종 이메일의 부주의한 한마디나 점심시간의 가십 같은 작은 사건들 때문에 불붙는다. 때때로 침묵을 지키는 것이 평화를 지키는 길이 되기도 한다. 그러나 어떤 상황에서는 중재자로 개입하여 갈등을 해결하는 기회를 잡아야 한다. 윌리엄 바클레이는 "평화는 삶의 모든 영역

에서 바른 관계를 맺는 것이다"라고 말했다.[3]

3. 신자들 사이에서 평화를 추구하라. 예수님은 우리의 대적에게 평화를 전하라고 촉구하셨을 뿐 아니라, 그리스도인들에게 서로 화목하라고 명령하셨다(막 9:50). 그렇지만 신자들 가운데서 평화를 추구하는 것은 더 큰 도전이 될 수 있다. 우리에게는 갈등을 피하려고 하거나 피차 좋게 지내려고 하는 '기독교적' 성향이 있기 때문이다. 드러나지 않는 거부, 빙빙 돌리는 소심한 공격, 그리고 말하지 않는 분노는, 특히 기독교 사역에서 아주 해로울 수 있다. 함께 이야기를 나누지 않으면 함께 일할 수 없다. 물론 역설적이게도, 대부분의 관계는 갈등을 겪으며 의미 있는 방식으로 차이를 해결할 때 더욱 돈독해진다. 이것은 성급한 판단이나 결론을 내리지 않고 경청하기, 위험을 감수하기, 그리고 창조적인 의견을 개진하기를 요구한다. 무조건 갈등을 덮고 아무 문제도 없는 체하면 평화로워 보이겠지만, 이것은 거짓 평화다. 4세기 교회 박사 히에로니무스(Hieronymus)는 "형제와 더불어 평화하지 못하는 한, 우리가 하나님께 우리의 선물을 드릴 수 있을지 모르겠다"고 잘라 말했다.[4]

평화의 열매 가꾸기

예수님은 무리 안에 계실 때나 홀로 계실 때나 평안하셨다. 그분은 무리들 때문에 혼란스러워 하지 않으시고 그들을 환영하셨다. 그분은 고독을 높이 평가하셨지만 은둔자가 되지는 않으셨다. 경험 많은 어부들은 폭풍 속에서 공포에 떨었지만, 예수님은 잠잠히 계셨다. 성육신하신 예수님은 복잡한 삶 가운데서 평정심을 유지하셨다. 자신을 따르던 사람들이 조롱하고 공격하고 거부했지만, 그분은 가장 나쁜 일이 일어난다 해도 그것이 가장 선한 것을 위한 일임을 알고 계셨기에 평안하셨다. 이러한 내적 확신이 곧 평화다.

우리 역시 그리스도가 구현하신 이러한 평화를 얻을 수 있다. 우리는 마음속에 있는 악 때문에 자신이 근본적으로 하나님의 대적임을 인정해야 한다. 그러나 주 예수 그리스도 때문에 하나님의 친구가 되었고 악의 대적이 되었다. 2세기의 위대한 신학자 오리게네스는 "우리가 악마를 적극적으로 계속 적대하고 육체의 악한 것들에 맞서 싸운다면, 우리는 하나님과 더불어 더욱 큰 평화를 누리게 될 것이다"라고 말했다.[5] 이 새로운 관계는 고대 그리스인들이 추구한 아타락시아(*ataraxia*, 평정심, 고요한 마음, 완전한 정적)를 훨씬 능가한다. 우리가 악과 싸우고 하나님과 더불어 평화를 갈망할 때, 하나님의 평화가 그 모습을 드러낼 것이다.

실천 과제

1. 빌립보서 4:6-9를 읽고 하나님의 평화를 당신의 삶 속으로 초대하라. 특히 당신의 일터로 초대하라. 그리고 다음과 같은 것들을 실천하라.

○ 염려하지 말라(하나님에 대한 우리의 신뢰를 무너뜨리는 죄). 바울은 "아무것도 염려하지 말[라]"고 말한다. 신뢰하기로, 또 염려하지 않기로 결심하기 위해서는 날마다 깨어 있어야 한다. 일하는 동안 당신을 괴롭히는 염려들에 더욱 주의를 기울여라.

○ 기도하라. 걱정에 사로잡히지 말고, 그런 염려를 하나님께 맡겨라

(벧전 5:7). 일터는 이것을 실천할 수 있는 많은 기회를 제공한다! 또한 감사의 순간들을 하나하나 꼽아 보는 시간을 가져라(빌 4:6).

ㅇ 거룩한 것들을 생각하라. 매일 주어진 일을 하는 동안, 작지만 의미 있고 귀중하고 바르고 순결하고 사랑스럽고 감탄할 만하고 훌륭하고 칭찬할 만한 순간들을 조목조목 들어 보라. 이것을 저녁 식사 후나 잠들기 전에 해 보라. 매일 추수한 것과 감사할 만한 것이 얼마나 많은지 놀라게 될 것이다(빌 4:7).

3부
일터 영성의 아홉 가지 열매

영혼을 갉아먹는 내적 갈등에서 벗어나 자유를 경험하고 우리 삶에 성령이 더 활발하게 일하게 될 때, 일에 대한 우리의 태도도 달라질 것이다.

우리는 기도하는 마음으로 일을 시작할 것이고, 일을 살아 있는 기도로 여길 것이다. 감사와 동기의 순수함이 우리 일의 특징이 될 것이다. 일에서 오는 칭찬과 금전적 소득보다는, 지속적으로 포기하고 만족을 내려놓는 것이 더 중요함을 인식하게 될 것이다. 단순히 일과 삶의 균형을 찾는 것을 넘어, 우리 삶 전체가 생명을 주는 리듬과 이웃에 대한 사랑으로 움직이게 될 것이다. 특히 우리는 하나님이 주신 소명에 대한 흔들리지 않는 확신을 얻게 될 것이다. 우리 일의 적어도 일부는 헛되지 않고 새 하늘과 새 땅에까지 이어질 것임을 알게 될 것이다.

우리 삶에서 성령이 하시는 일은 아래의 아홉 가지 결과들이 전부가 아니다. 이 외에도 우리가 경험할 수 있는 것은 아주 많으며, 이것은 단지 시작일 뿐이다.

갈등	열매	결과
자만	기쁨	쉼 없는 기도
탐욕	양선	끊임없는 감사
음욕	사랑	아름다운 순전함
탐식	절제	즐거운 내려놓음
분노	온유	내어 맡긴 만족
나태	충실	생명을 주는 리듬
질투	친절	이웃 사랑
동요	인내	소명에 대한 확신
권태	평화	마음을 천국에 둠

성령은 우리 삶에서 점진적으로 선한 일을 하신다. 우리는 늘 변화되어 더 나은 존재가 되어 갈 것이다. 그런데 그 말은 우리가 일에서 느끼는 만족이 늘 증가할 것이라는 의미인가?

이 질문이 전도서를 기록한 히브리 철학자인 코헬렛(Qoholeth)을 사로잡았다. 그는 질문했다. 사람이 해 아래서 모든 고난과 고초를 겪으면서 수고하는 것은 무엇을 위함인가? 코헬렛은 자신의 질문에 심오한 통찰이 담긴 답을 내놓았다. 우리는 일 자체에서 인생의 가장 깊은 만족을 얻을 수 없을 것이다. 그 대신 우리와 더불어 일하시는 하나님과 함께 있는 것에서 가장 깊은 만족을 얻을 것이다.

우리 대부분은 하나님을 위해 일하기 원한다고 말한다. 그리고 실제로 우리는 하나님을 위해 일하는 것이 목표인 진지한 목사와, 선교사, 회계사, 사업가, 주부들을 만나 왔다. 그러나 장막을 만드는 장인이자 제자를 만드는 사람이었던 사도 바울은 그런 일이 헛될 수도 있다는 불길한 가능성을 암시했다(참고. 고전 15:18). 그런 점에서 우리의 일이 무익하고 무의미하며 가치 없게 되지 않는 확실한 보호 장치는 바로 그 일을 믿음과 소망과 사랑으로 수행하는 것이다(살전 1:3).

이와 같이 우리가 바른 동기와 태도를 가지고 있다면, 일은 우리를 예수 그리스도께로 더 가까이 이끄는 전도자가 될 것이다. 예수님은 우리가 일을 통해 최고의 행복을 얻고 성공하게 될 것이라고 약속하지 않으셨다. 예수님은 그것보다 더 좋은 소식이 있을 것임을 약속하셨는데, 바로 일을 통해 예수님 안에서 만족을 얻게 되리라는 것이다. 그분만이 우리 영혼 안에 있는 빈 공간을 채울 수 있다.

예수님은 은밀하고 겸손하게 우리의 일터로 오신다. 우리 삶에서 무엇을 해야 할지 지시하기 위해서가 아니라, 우리 여정의 동반자가 되기 위해서.

19

쉼 없는 기도

갈등	열매	결과
자만 자신을 최고라고 여기며 자기 자신 안에 갇히는 것	기쁨 하나님을 삶의 최우선으로 여기며 즐거움을 누리는 것	쉼 없는 기도 하나님과의 지속적인 사귐을 경험하는 것

앨빈 가끔 일을 하다가 예상치 못한 기쁨이 밀려와 놀랄 때가 있습니다. 하나님이 임재하신다, 내가 하나님과 함께 일하고 있다, 내 일은 하나님과 관계가 있다는 것을 아는 기쁨 말입니다.

폴 일터에서 하나님이 당신과 함께 계시는 경험을 자주 하시나요?

앨빈 전혀 그렇지 않아요. 저는 우선 저 자신이 기도를 많이 하는 사람이라고 생각해 본 적이 없습니다. 그렇지만 안식년 동안 신학 공부에 몰두해 있을 때 '쉬지 말고 기도하라' 그리고 '범사에 감사하라'고 권면한 고대 그리스도인들에 관해서 읽었습니다(살전 5:17-18). 누구든 항상 기도할 수 있다니, 처음엔 불가능한 소리로 들렸지요. 그렇지만 저는 신학적인 글을 쓸 때 그것을 실천해 보려고 노력했습니다. 과제를 시작하기 전에는 먼저 기도를 했습니다. 염려하지 않고 서둘지 않으면서 기도하는 마음으로 글을 쓰는 동안, 저는 하나님이 주시는 통찰에 감사할 수 있었습니다. 자판으로 한 자 한 자 치는 것이 예배가 될 수 있었어요. 그 일을 마쳤을 때, 저는 하나님께 감사드렸습니다. 아주 천천히, 제 일 그리고 일하는 과정이 기도가 될 수 있음을 깨닫기 시작한 것이죠. 하나님은 제 마음 안에서 하나님이 일하신다는 것을 더 잘 알 수 있도록 저를 돕고 계셨습니다.

폴　　　다시 '원래의' 일로 돌아왔을 때는 어땠나요?

앨빈　　처음에는 마치 저의 세계가 내려앉는 것 같았습니다. 마감 스트레스를 받았고 무기력해졌습니다. 기도도 할 수 없었고요. 그리고 너무 걱정이 많아서 하나님에 관해 생각할 수 없었습니다. 하지만 어느 날 단순한 생각 하나가 떠올랐습니다. 나는 내 일터를 하나님이 이미 와 계시는 '수도원'으로 여겨야 한다. 저는 일을 하면서 짧게 동료를 위해 기도할 수 있었습니다. 점심 식사 중에는 예수 그리스도를 보이지 않는 대화 상대로 상상하기도 했고요. 일이 벽에 부딪쳤다고 느껴질 때는 하나님께 도와달라고 간구했습니다. 그런 기도를 할 기회는 많았습니다. 왜냐하면 하루에 몇 번씩 일이 벽에 부딪치는 걸 느꼈으니까요. 조금씩 저는 하나님이 언제나 저와 동행하고 계심을 깨달았습니다. 제가 스스로 하나님께 돌아가지 않을 때도 말입니다.

폴　　　당신 이야기를 들으니 성경에 나오는 수많은 하나님의 사람들이 생각나네요. 아브라함, 모세, 다윗, 보아스, 룻, 느헤미야, 다니엘, 예수님, 그리고 바울. 그들이 한 일들을 보면, 선지자, 국가 건설자, 목자, 행정관, 재판관, 군인, 왕, 시인, 이삭 줍는 사람, 주부 등 기도하는 데 유리한 직종은 아니었습니다. 하지만 그들은 일하기 전에, 일하는 중에, 그리고 일을 마친 후에 기도했습니다. 하나님과의 연합과 우정을 경험한 사람들이지요.

앨빈　　또한 그들은 일하는 동안 다양한 방식으로 기도했어요. 말로도 하고 침묵으로도 기도했습니다. 때로는 노래와 부르짖음으로도 했지요. 신음과 탄식으로 기도하기도 했고요. 그들은 기쁨과 분노, 절망, 감사를 하나님과 나눴습니다. 그들은 친구들이나 동료들과 함께 기도했지만, 아무도 보지 않을 때 홀로 나아가 기도하기도 했습니다.

일과 기도

기도가 없다면 우리가 하는 일은 힘을 잃고 말 것이다. 사도 바울은 기도와 일을 함께 할 때 생기는 풍성함을 보여 준 사람이다. 기도에 관한 글을 쓰는 것 외에도 편지를 쓰는 일이 그의 목회 사역의 일부였는데, 그는 편지를 쓸 때마다 하나님께 기도했다. 예를 들어, 골로새에 있는 그리스도인들에게 그리스도 안에서의 새로운 삶에 관한 편지를 쓸 때, 기도와 일은 그 편지의 시작과 끝을 형성했다(골 1:3, 9-12). 바울에게는 기도와 일 사이에 분명한 구분이 없다.

- 그의 기도와 일은 늘 하나님을 향해 있다(골 1:3, 9, 12; 3:23).
- 기도와 일 모두 예수 그리스도를 통해 생기와 활력을 얻는다(1:11, 29).
- 우리는 마음을 다해 기쁨으로 일하고 기도한다(3:23; 4:12).
- 기도와 일은 지속적인 관심을 요한다(1:3, 9).
- 기도는 우리가 선한 일을 하고 그리스도의 일을 수행하도록 이끈다 (1:9, 10; 3:3, 4). 그리고 일은 기도를 통해 그리스도의 능력에 의존하도록 이끈다(1:29).
- 일은 아버지 하나님과 우리의 관계를 돈독하게 한다(3:23). 그리고 기도는 우리가 아버지 하나님께 감사하도록 한다(1:12).

기도와 일은 함께할 때 시너지 효과를 낸다. 비진스키 추기경은 "기도와 연결되지 않으면, 지속적이고 쓸모 있고 결과가 좋고 효과적인 일은 불가능하다"고 말했다.[1] 기도하는 마음으로 일할 때 우리는,

- 하나님의 눈으로 사람들을 볼 수 있고, 진실을 말하고, 상처 입은 사람들을 위로하고, 희망을 잃은 사람들을 돕고, 외로운 사람들에게 귀를 기울일 수 있다.
- 일터에서 가장 절망적인 경험을 하고 있을 때에도 하나님이 우리를 인도하고 계심을 알게 된다.
- 자만을 극복할 수 있다.
- 우리가 하는 일에서 기쁨을 발견할 수 있다.
- 우리의 머리와 손으로 만든 것들이 아무리 보잘것없는 것일지라도 영원한 가치를 갖게 되리라는 희망을 가질 수 있다.

한 성직자가 인도의 신비주의자 사두 선다 싱(Sadhu Sundar Singh)에게 물었다. "우리는 기도를 더 많이 해야 합니까, 일을 더 많이 해야 합니까, 아니면 시간을 나누어 그 둘을 해야 합니까?" 싱은 대답했다. "둘 다 꼭 필요합니다. 일하지 않는 기도는 기도 없는 일만큼 나쁩니다. 본능에 충실하게 꼬꼬댁거리는 암탉이 알이 없어진 뒤에도 어두운 구석에 계속 앉아 있듯이, 바쁜 삶에서 벗어나 기도만 하는 사람들은 그 암탉처럼 아무런 결실도 얻지 못합니다."[2]

기도하는 요리사

　로렌스 형제로 알려져 있는 니콜라 에르망(Nicolas Herman)은 1666년 파리 카멜 수도회의 요리사가 되었다. 그는 정식 서품을 받은 수도사가 아니었기 때문에, 성직자나 서품 받은 수도사들과 함께 위층에서 기도하지 못했다. 그 대신 뜨거운 주방에서 주전자와 팬이 달그락거리는 소리를 들으며 하나님을 예배했다. 수년이 흘러, 그 수도원 외부의 수도사와 사람들은 로렌스 형제가 삶에서 하나님의 임재를 인식하는 놀라운 감각을 얻게 되었다는 사실을 알게 되었다. 그들은 질문이나 편지를 통해, 어떻게 일을 하면서 하나님을 인식할 수 있는지 물었다. 그리고 그와 같은 대화와 기록된 답변들은 마침내 「하나님의 임재 연습」(좋은씨앗)으로 묶여 나왔다.

　아래는 로렌스 형제가 발견한 것들을 오늘날 우리가 읽기 쉽도록 고친 것이다. 이 내용들은 일을 하면서 끊임없이 기도하는 것이 무엇인지에 관한 놀라운 통찰을 준다.

　○ "하나님과 끊임없이 대화하고 우리가 하는 모든 것을 하나님께 아뢰는 것을 습관으로 만들려면, 먼저 부지런히 그분께 주의를 기울여야 한다. 세심한 관심을 기울인 다음에는, 아무 어려움 없이 하나님의 사랑이 당신 마음에 흘러넘치도록 해야 한다."

　○ "덕스러운 행동을 실천할 기회가 주어졌을 때, 우리는 하나님께 이렇게 아뢰어야 한다. 주님, 당신이 제게 능력을 주시지 않으면 저는 이 일을 할 수 없습니다. 이렇게 기도할 때 우리는 넘치도록 힘을 얻는다."[3]

　○ "내 의무를 다하지 못했을 때, 나는 하나님께 이렇게 고백했다. '제가 멋대로 하도록 내버려두신다면 저는 이렇게밖에 하지 못할 것입니다. 저의

실패를 막으실 분도, 잘못된 것을 고치실 분도 하나님이십니다.' 그러고 나면 나는 그 실패에 대해 어떤 불편한 마음도 갖지 않았다."

○ "나에게 정해진 기도 시간은 다른 시간들과 다르지 않다. 상급자들의 지시가 있으면 일손을 놓고 물러나 기도하지만, 나는 그런 물러남을 원하지 않고, 그런 시간이 굳이 필요하지도 않다. 왜냐하면 내게 주어진 어떠한 일도 하나님과 나를 떼어 놓지 못하기 때문이다."

○ "의무를 다하지 못할 때, 나는 그것을 기꺼이 인정하며 말한다. 저는 자주 실패합니다. 저를 멋대로 내버려둔다면 저는 그렇게밖에 하지 못할 것입니다. 제가 실패하지 않는다면, 저는 하나님께 감사드리며 그 힘이 하나님으로부터 왔다고 인정할 것입니다.'"

실천 과제

로렌스 형제의 기도 가운데 오늘 당신이 일터에서 연습하기에 적합한 것은 무엇인가?

20

끊임없는 감사

갈등	열매	결과
탐욕	양선	끊임없는 감사
가진 것보다 더 많은 것을 소유하고자 하는 열망	받기보다 주는 성품을 기르는 것	자신이 가진 모든 것이 하나님의 선물임을 아는 자유를 경험하는 것

앨빈   자신들의 일에 감사하지도 않고, 이미 가진 것을 누릴 여유도 없는 임원들을 종종 봅니다. 성취한 것이 많은 사람도 이렇게 감사하기가 힘든데, 나머지 사람들은 어떨까요?

폴   운이 좋게도, 저는 어릴 때부터 감사할 줄 아는 사람들을 많이 만났습니다. 그들은 보통 가난한 사람들이었죠. 저의 할아버지는 어부였는데, 범선으로 래브라도까지 나가서 고기를 잡았습니다. 한 해에 6개월을 바다에 나가 계셨지요. 그분은 보조 기관이나 레이더도 없었지만, 매일 일을 해서 잡은 물고기와 무사히 뱃길을 다녀온 것에 감사했습니다.

앨빈   당신도 가난했던 적이 있나요?

폴   가진 것이 많지 않았던 시절이 있었지요. 아내 게일과 저는 6년간 몬트리올 도심에서 살았는데, 그때 가난한 사람들과 함께 일하며 빈곤을 경험했습니다. 저도 6개월 동안은 점원으로 일했고요. 그런 경험들을 통해서 저는, 탐욕적인 인간이 되거나 감사하는 인간이 되는 것은 돈의 액수나, 일이 가지는 위신, 또는 일의 사회적 중요성이 아닌 영혼의 성향에 달린 것임을 알게 되었지요. 감사는 우리가 가진 것에 만족하고, 시련과 좌절을 포함하여 우리에게 온 모든 것을 선물이라고 받아들이는 것입니다.

앨빈   또 감사는 일터의 여러 내적 갈등에서 우리를 구해 줍니다. 감사가 넘칠 때는 잘못된 이유로 회사를 그만두려는 생각을 하지 않지요. 또 다른 사람의 일에 질투를 느끼지도 않습니다. 감사는 푸념하고 불평하는 마음을 사그라뜨립니다. 화내면서 동시에 감사할 수는 없지요. 감사는 죄에 빠지지 않도록 우리를 지켜 줍니다.

일과 감사

우리는 음식, 안전, 기쁨, 일, 관계, 가족, 그리고 궁극적으로는 삶 자체에 이르기까지 모든 것을 하나님께 의존한다. 따라서 감사한다는 것은 인간됨의 핵심적 특징이며, 감사하지 않는 것은 비인간적이라 할 수 있다.

우리가 자율적 존재가 아님을 인정하는 것은 탐욕을 버리고 선행으로 나아가는 여정에 꼭 필요하다. 정교회 신학자 알렉산더 슈머만은 죄가 근본적으로 얼마나 감사[또는 감사에 해당하는 헬라어 유카리스트(*eucharist*)]의 결여에 뿌리 내리고 있는지에 주목한다. "성경의 창조 이야기에서 인간은 굶주린 존재로 나온다. 그리고 온 세상은 다만 그가 섭취할 수 있는 음식에 지나지 않는다. …'원죄'는 단순히 인간이 하나님을 배반했다는 것보다, 그가 오로지 하나님을 향해서만 굶주린 존재가 되기를 포기했다는 데 있다. 인간의 유일한 타락은 감사하지 않는 세상에서 감사하지 않으며 사는 것이다."[1]

사도 바울은 하나님을 경배하려 하지 않을 때, 곧 감사하려 하지 않을 때 재앙을 우리 자신에게 쌓고 있는 셈이라고 말한다. 로마서 1장에서 바울은 죄의 목록을 기술하고, 이 모든 죄가 일차적 죄, 곧 불경과 감사하지 않음에서 비롯된다고 지적한다. 죄는 모든 것이 하나님께 속해 있음을 알면서도 하나님께 감사하지 않는 것이다.

그러나 우리가 하나님께 감사를 표할 때 놀라운 일이 일어난다. 감사는 하나님이 어떤 분이고 우리가 어떤 존재인지를 알 때 나오는 가장 진실한 반응이다. 성령으로 충만한 삶의 결과 중 하나는 우리가 감사하는 삶을 살게 된다는 것이다. 감사하는 삶이란 어떤 것일까?

1. 감사하는 삶은 일에 대한 우리의 관점과 경험을 변화시킨다. 우리가 모든 것에 감사할 때, 각종 문제들과 까다로운 동료들, 개인적 고민과 손실은 은총과 배움의 도구가 된다. 감사는 그리스도를 닮은 성품으로 자라갈 수 있도록 새로운 길을 활짝 연다. 우리는 인생의 고난을 겪으며 예수님처럼 되어 가고 하나님이 우리와 함께하심을 경험한다. 예수님이 십자가로 향하는 여정을 걸으셨듯이 말이다. 감사는 동료들과 맺는 관계를 쌍방향으로 바꾼다. 헨리 나우웬(Henri Nouwen)은 "감사가 행동의 원천일 때, 주는 것이 받는 것이 되고 우리가 돌보는 사람들이 우리를 돌보게 된다"고 말했다.[2] 감사는 삶을 거룩하게 한다.

2. 지속적인 감사는 좋은 것과 나쁜 것에 좌우되지 않도록 해준다. 감사를 통해 우리는 인생에 대한 하나님의 관점을 얻는다. 가장 기본적으로 감사는 우리를 불만족에서 구해 낸다. 우리는 점차 하나님이 우리 삶과 일터

에서 하시는 일에 대한 분명한 시각을, 즉 눈에 보이는 것이 진실이 아닐 수도 있다는 시각을 얻는다. 부유할 때나 굶주릴 때나 지속적으로 하나님께 감사하는 것은 하나님을 하나님으로 여기고 우리가 하나님이 아님을 아는 것, 즉 어린아이같이 단순하게 그분을 신뢰하는 것이다.

3. 감사는 하나님의 것을 하나님께 드린다. 우리는 감사를 통해 매일 하는 일에 변화를 일으킬 수 있다. 다음 중에서 오늘 하루 동안 하나님께 감사하고 싶은 것은 무엇인가?

○ 당신의 동료에 대해

○ 당신의 상사나 감독 또는 다른 사람들에 대해

○ 당신이 고용돼 있거나 자원봉사하고 있는 회사나 조직에 대해

○ 업무 평가에 대해

○ 자신의 무능함을 알게 된 힘든 경험에 대해

○ 해 볼 만한 일 또는 어려워 보이는 일에 대해

○ 실패한 프로젝트에 대해

○ 성공한 프로젝트에 대해

○ 시스템이나 과정을 개선할 만한 참신한 아이디어에 대해

○ 생산, 서비스, 또는 마케팅의 돌파구에 대해

○ 금전적인 걱정에 대해

○ 지출과 수입에 대해

○ 휴식 시간에 마신 커피 한 잔에 대해

○ 점심 식사 시간에 나눈 대화에 대해

○ 일할 수 있다는 사실에 대해

○ 맡은 일에 대해

감사하는 치과의사

데이비드는 대학생 때 그리스도인이 된 후, 선교사가 되기를 원했다. 하지만 치과대학을 졸업했을 때, 그는 하나님의 사람들을 섬기면서 장막을 만들었던 사도 바울과 같은 삶에 대한 부르심을 느꼈다. 그래서 그는 치과의사로 사회봉사에 참여하고 말레이시아의 작은 시골 마을에서 일하는 삶을 선택했다. 그는 치과의사로서의 일을 성실하게 수행했고, 그의 치료 기술과 친절한 성품은 조용히 명성을 얻었다. 마침내 그는 말레이시아 최고 훈장 중 하나를 받게 되었다.

하지만 데이비드에게 가장 큰 유산은 직업적 명성이 아니라 지난 50년 동안 그가 훈련하고 성장시킨 그리스도인들이었다. 그를 통해 많은 이들이 목사, 신학자, 선교사, 그리고 말레이시아와 전 세계 여러 조직의 지도자가 되었다. 그들은 하나같이 '데이비드 G'를 겸손하고 총명하고 하나님께 감사할 줄 아는 사람이라고 말한다.

데이비드의 감사가 특별한 이유는 따로 있다. 그와 그의 아내 크리스티아나에게는 두 아이가 있는데, 그중 한 아이는 중증 자폐증을 앓고 있다. 현재 33세인 마크는 3세의 지능을 갖고 있기에 집중적인 돌봄이 필요하다. 그는 혼자서는 아무것도 할 수 없다.

"마크에게 지능지수 60의 심각한 자폐증이 있다는 진단을 받았을 때, 크리스티아나와 저는 충격에 빠졌습니다." 하지만 데이비드는 욥기를 읽으면서 하나님의 임재를 느꼈다. 고난 가운데 있을 때 왜 고난당하게 내버려 두시냐고 묻지 말고 하나님의 계시를 구해야 한다. "하나님이 고통 속에서 기도 가운데로 이끄심을 느꼈습니다. '주님, 저희에게 당신을 보여 주십시오.' 우리는 주님이 우리 삶을 이끌어 주시도록 맡겨 드렸고, 하나님의 선하심과 그분의 임재에 압도되었습니다."

데이비드와 크리스티아나는 사랑하는 아들 마크를 통해 감사에 대해 무엇을 배웠을까?

첫째, 하나님이 그들에게 마크를 사랑하는 마음을 주셨음을 알게 되었다. 그들은 책을 찢어 버리고, 벽에 낙서를 하고, 가구에 흠집을 내는 마크를 돌보기 위해 사랑을 억지로 짜 낼 수 없음을 알았다. "그런 사랑은 오직 하나님에게서 오는 것이었습니다."

둘째, 데이비드와 크리스티아나는 그들의 관계가 더욱 깊어졌음을 알게 되었다. 때때로 그들은 마크를 돌보면서 어떻게 서로 도와주어야 할지 알지 못했다. 그러나 기도를 통해, 크리스티아나는 자신의 부르심이 마크를 돌보는 일임을 알게 되었고, 데이비드는 자신의 임무가 아내를 돌보는 일임을 이해하게 되었다. 아들을 돌보아야 한다는 공동의 과제가 그들 사이에 진정한 유대감을 낳았다.

셋째, 그들은 아주 근본적이고 새로운 방식으로, 하나님을 중심에 모시고 사람들을 위해 사역하는 자유를 발견했다. 마크를 끊임없이 돌보고 지켜봐야 하는 그들의 개인적 자유는 심각하게 침해당하기 쉬웠고 그들의 집은 감옥처럼 느껴질 수 있는 상황이었다. 그러나 오히려 그들의 집은 이웃, 교인, 친구, 낯선 사람들, 환자들, 그리고 데이비드의 간호사들에게까지 개방된 편안한 공간이 되었다. 그들은 거실에 모여 성경 공부, 상담, 그리고 대화를 했다. 물론 그들 모두 마크와 교제를 나누었다. "하나님은 마크로 인해 우리의 생각과 기독교적 사명에 대한 접근을 혁명적으로 바꾸셨습니다. 주님의 뜻을 이루기 위해 마크가 우리 가족의 일원이 되어야 함을 깨달았지요."

데이비드의 가정을 방문한 사람들은 그의 멘토로서의 자질과 경청하는 태도 때문에 사람들이 축복을 받았을 뿐 아니라 데이비드의 가정을 보면서 자신들 역시 근본적으로 변화되었다고 말한다.

지역교회의 평신도 지도자인 탄은 "데이비드가 마크를 양육하면서 직면했던 어려움들이 그에게 지혜를 더해 주었다"고 말했다. "그와 대화를 나눌 때면, 그는 우리가 서로를 안다는 것에 진정으로 감사한다. 그는 우리가 말하는 단어 하나하나에 귀를 기울인다. 왜냐하면 우리가 말하는 모든 것이 중요하기 때문이다. 그는 자신이 우리를 완벽하게 이해하고 있음을 확인시켜 준다. 그리고 우리는 그가 우리를 만난 것에 진정으로 감사하고 있음을 느낄 수 있다. 한 사람에게 이런 자질이 있다니 참 놀라운 일이다."

실천 과제

당신은 현재 일하고 있는 곳에서 진정으로 감사하고 있는가? 무엇에 대해 감사하는가?

21
아름다운 순전함

갈등	열매	결과
음욕	사랑	아름다운 순전함
사욕을 채우기 위해 어떻게 남을 이용할지 상상하는 것	다른 사람에게 진정한 관심을 보이며 실제로 돌보는 것	순수하고 온전한 마음으로 하나님과 이웃을 사랑하는 것

앨빈 그동안 열의 없이 일하는 사람들을-저를 포함해서-많이 봐 왔습니다. 일을 열심히 하는 이유가 오로지 돈을 벌기 위해서인 사람들도 있었고요. 선하고 순수한 동기를 가지고 정성껏 일하는 사람은 드문 것 같습니다. 폴, 순전한 마음으로 일한다는 것은 어떤 것일까요?

폴 성경은 마음이 순전한 사람은 일터를 포함한 삶의 전 영역에서 하나님을 볼 것이라고 말합니다. 그럴 때 우리 마음은 하나님의 마음과 깊이 연합하며, 동료와 이웃을 우리 자신과 같이 진심으로 사랑하게 됩니다.

앨빈 그렇다면 저는 그 기준에 미치지 못하네요. 다른 사람의 유익에 더 많이 관심을 기울였어야 했는데 그렇지 못했거든요.

폴 순전한 마음은 죄 없는 사람들만 경험하는 것이 아닙니다. 단점과 약점 때문에 괴로워하는 죄인일수록 깨끗한 마음을 경험할 가능성이 크지요. 순전함은 비틀거리고 넘어지는 사람들을 위한 것입니다. 또한 사랑이라는 순수한 동기로 일하는 것을 기뻐하는 사람들을 위한 것이죠. 우리는 다윗 왕처럼 하나님께 탄원할 수 있습니다. "내 안에 깨끗한 마음을 창조해 주소서."

일과 순전함

순전함은 아름답다. 그러나 하나님을 거부하는 사람들에게 그것은 아름답지 않다. 우리는 어떻게 순전해질 수 있을까? 오로지 하나님만이 순전한 마음을 창조할 수 있지만(시 51:12; 잠 29:9), 그것을 얻기 위해서는 죄를 정복하기 위한 우리의 적극적인 싸움도 필요하다(시 73:13-14).

순전한 마음으로 일할 때 우리는,

1. 일터를 포함한 삶의 전 영역에서 하나님을 보게 된다(시 24:3-4). 성경 저자들은 마음이 비어 있어야 한다고, 즉 하나님의 사랑과 명령으로 채워질 준비가 되어 있어야 한다고 말한다. 반면 사악한 마음은 안락과 부, 거만, 악의로 가득 차 있다(참고. 시 41:7; 73:7). 하나님과 동행하며 정성을 다해 일할 때, 우리는 정직하고 비난받을 것이 없는 사람이 된다(시 119:8). 또한 하나님이 우리의 일터를 새롭게 하시고 고쳐 주시는 것을 볼 수 있는 눈을 얻는다. "마음이 청결한 자는 복이 있나니, 그들이 하나님을 볼 것임이요"(마 5:8).

2. 하나님이 우리를 통해 일하시는 것을 경험하게 된다. 우리는 예수 그리스도와 하나가 되고, 아버지와 함께 일하시는 그분의 목표를 공유하는 오직 하나의 목적을 갖고 일하게 될 것이다(요 5:19, 36). 우리는 삶의 모든 영역-창조 세계, 이웃, 일터, 교회, 가족, 가난한 자와 부자, 건강한 자와 병자,

약한 자와 강한 자—을 돌봄으로써 하나님 나라를 임하게 하시는 예수님께 동참하게 될 것이다.

3. 오직 한 가지만을 원하게 된다. 또한 언제나 하나님께 '예'라고 말하게 될 것이다. 아무것도 하나님을 향해 가는 우리의 여정을 방해할 수 없으며, 이것을 보장하는 것은 무엇이든 하게 될 것이다. 네덜란드 철학자 쇠렌 키르케고르는 "하나님이 전부이시기 때문에, 순전한 마음을 가진 사람은 오직 한 가지만을 원한다"고 말했다.[1] 하나님은 선지자 예레미야를 통해 백성에게 '한 마음과 한 행동'을 약속하셨다(렘 32:39). 이것은 역사의 위대한 영혼들의 가르침과 삶에서도 나타난다. 마더 테레사도 이렇게 말했다. "당신의 일은 예수님께 속해야 한다."[2]

4. 일관된 삶을 살게 된다. 마음이 순전한 사람들은 말과 생각과 행동의 일관성을 경험한다. 우리의 공적 삶과 사적 삶은 서로 이어져 있다. 우리는 누가 우리를 지켜보든 아니든 바른 것을 말하고 생각하고 행동하게 될 것이다. 내적 충동이나 외적 동기가 우리를 몰고 가지 못할 것이다. 오히려 삶의 모든 영역에서 우리와 함께 일하시는 부활하신 그리스도의 임재와 능력에서 나온 사랑과 기쁨, 평화가 동기가 되어 행동하게 될 것이다.

5. 하나님과 함께하게 될 것이다. 순전한 마음은 하나님을 하나님으로서 사랑하며, 그 이상도 그 이하도 아니다. 하나님은 우리가 사랑하고 원하는 전부이시다. 사막 수도사들의 지혜를 기록한 존 카시안은 순전한 마음은 성삼위 하나님의 마음으로 들어가는 문이라고 말했다. "[하나님은] 우리가 열망하는 전부요, 우리가 갈망하는 전부요, 우리가 살아 있는 내내 우리가 생각하는 전부요, 우리가 숨 쉬는 동안 이야기하는 전부가 될 것이다. 그리고 아버지와 아들, 아들과 아버지의 연합이 우리의 감각과 마음을 채우게 될 것이다."[3]

순전한 관료

　일터에서의 생활은 힘들고 고통스럽고 두려울 수 있으며, 특히 정치적인 문제에 개입될 때 그렇다. 사람들은 당신을 원망하거나 깎아내리려고 할 수도 있다. 히브리 청년 다니엘은 이것을 직접 경험했다. 신실한 유대인이었던 그는 고대 바빌로니아로 끌려가 궁정에서 이교적인 교육을 받았다. 대부분의 관리들이 그랬던 것처럼 그 역시 여러 왕조를 거쳐 가며 계속 일했다. 다니엘은 지성과 능숙한 언변, 성실성으로 당시 세계 최대의 제국에서 최고의 엘리트 자리에 올랐다. 관리들은 다니엘의 성공을 시기했고 그의 정치 경력에 흠집을 내려고 헛된 시도를 했다. 다니엘을 죽이려는 계략으로 이어진 오랜 우여곡절 속에서도 그의 순전한 마음은 다음과 같은 방식으로 나타났다.

　○ 위기의 순간에 다니엘은 두려워 떨지 않았다. 그는 기도했고 하나님께 영광을 돌렸다. 한번은 느부갓네살 왕이 바빌로니아의 모든 현자들을 처형하려고 한 적이 있었다. 아무도 그의 꿈을 해석하지 못했기 때문이었다. 다니엘과 그의 친구들은 기도했고, 그 해석을 알게 되었고, 왕에게 그 뜻을 말해 주었다. 꿈을 해석하러 왕에게 불려갔을 때 다니엘은 그 해석이 하나님에게서 온 것임을 밝혔다(단 4:1-37).

　○ 다니엘은 진실을 말하기를 주저하지 않았다. 그것이 아무리 어려운 일이라 하더라도 말이다. 또 다른 왕 벨사살이 연회 중에 놀라운 환상을 보았다. 왕후가 왕에게 말했다. "왕의 나라에 거룩한 신들의 영이 있는 사람이 있[습니다]"(단 5:11). 다시 한 번 다니엘은 왕 앞에 서게 되었고, 진실을 있는 그대로 말해 주었다. 왕의 영적 방탕 때문에 왕의 날이 계수되었다는 사실

을 말이다.

○ 다니엘은 지극히 결백한 삶을 살았다. 훗날 다니엘은 바빌로니아에서 세 번째로 높은 지위에 올랐다. 다음 대에 왕위에 오른 다리우스 왕도 다니엘을 총애했다. 시기한 총리들과 고관들은 다니엘을 고발할 근거를 찾으려고 노력했지만, 다른 사람들이 이미 알고 있는 사실, 곧 다니엘은 어떤 과실도 없는 사람이라는 것 외에는 어떤 근거도 찾을 수 없었다. "…아무 근거 아무 허물도 찾지 못하였으니 이는 그가 충성되어 아무 그릇됨도 없고 아무 허물도 없음이었더라"(단 6:4). 그들은 다니엘에게서 나쁜 행동을 찾을 수가 없었기에, 그가 한마음으로 순전하게 하나님을 사랑하고 믿는다는 것을 공격했다. (결백한 삶을 산다고 시련과 방해를 피해 가는 것은 아니다.)

○ 다니엘은 활력 넘치는 기도 생활을 했다. 어떤 희생을 치르더라도 말이다. 위기의 순간에 나타나는 하나님에 대한 충성은 우연이 아니었다. 매일 하나님께 기도를 하지 못하는 것과 사자굴에 들어가는 것 중에 하나를 선택해야 했을 때, 다니엘은 후자를 선택했다. 그는 자신의 성공의 원천, 그리고 매일의 삶을 인도해 주시는 분이 하나님이심을 알고 있었다. 그래서 아무리 바쁘거나 위험한 사태가 닥치더라도 기도를 포기하지 않았다. 하나님은 사자굴에서 다니엘을 구해 내셨다. 만약 다니엘이 살아남지 못했다 하더라도, 그는 하나님과의 관계가 다른 무엇보다, 심지어 목숨보다 더 중요함을 여실히 보여 주었을 것이다.

실천 과제

당신은 일과 삶의 어떤 영역에서 말과 행동을 일치시키고 싶은가?

22

즐거운 내려놓음

갈등	열매	결과
탐식	절제	즐거운 내려놓음
지나친 음식 섭취를 통해 만족을 추구하는 것	성령의 인도하심을 따라 거룩한 삶을 사는 것	음식에 대한 욕심을 버리고 소박하게 먹는 자유를 경험하는 것

폴   우리가 대화를 시작한 이후로, 당신은 자기절제가 가능한 사람으로 바뀌어 가고 있나요? 또 과소비에서 벗어나 자유를 맛보고 계신가요?

앨빈   아내와 저는 자발적인 내려놓음을 실천할 창조적인 방법들을 찾고 있습니다. 예를 들어 중산층 문화에서는 부부가 자동차와 핸드폰을 따로 갖고 있는 것이 일반적인데, 저희는 자동차와 핸드폰을 하나로 공유하기로 결정했지요. 별로 힘들지는 않습니다. 이것이 과소비에 대해서는 '아니오'라고 말하고, 자기절제에 대해서는 '예'라고 말하는 우리만의 방식이지요.

폴   내려놓음의 여정은 어떤 계기로 시작되었나요?

앨빈   어느 날 성경을 읽고 있는데 갑자기 '추리소설을 그만 읽자'는 생각이 들었습니다. 저는 추리소설을 아주 좋아하기 때문에 그러한 생각이 저에게서 나온 것이 아님을 알았지요. 사실 저는 일하고 연구하면서 일주일에 네 권 정도를 탐독하곤 했습니다. 그런데 하나님이 신비한 방식으로 제게 말씀하신 것입니다. 그래서 저는 추리소설 읽기를 중단했습니다. 그렇게 몇 주가 지난 후에야 제가 추리소설에 얼마나 집착하고 있었는지 알게 되었죠. 늦은 밤까지 이어지던 독서는 저의 집착의 표현이었습니다. 그런 성격은 음욕, 자만, 나태, 불안 같은, 영혼을 갉아먹는 다른 내적 갈등들로 이어지는 통로가 되었지요. 탐닉하는 습관을 그만두면서, 저는 더욱 큰 기쁨으로 기도하고 일할 수 있음을 알게 되었습니다. 이제는 더 이상 쉽게 마음을 빼앗기지 않습니다.

폴 내려놓음의 기쁨을 경험하신 것 같네요. 대부분의 사람들에게 내려놓음은 전혀 호소력이 없지요. 언젠가 침례를 받는 한 남자를 그린 만화를 본 적이 있습니다. 거기 나오는 목사는 물속으로 들어가는 모든 것이 하나님께 속하게 된다고 말했어요. 그런데 만화의 마지막 장면에서 그 남자 손은 여전히 물 밖으로 나와 있었어요. 지갑을 움켜쥔 채 말예요.

앨빈 내려놓음을 실천하면 굉장한 것을 경험하게 됩니다. 그것은 바로 내려놓음이 움켜쥐려는 마음에서 우리를 자유롭게 한다는 것입니다. 우리 영혼은 하나님보다 더 강하게 쥐고 있던 것을 내려놓습니다. 재산, 사회적 위치, 가족, 친구 관계, 육체적 필요 등을 말이죠.

폴 일터에서 그리스도인들이 내려놓음을 실천한다면 굉장한 일이 벌어질 것 같지 않아요? 특히 돈의 영역에서 말예요. 내려놓음을 실천할 때, 우리는 소유하고 있는 것들에서 벗어나 더욱 단순하게 사는, 곧 하나님과 하나되는 자유를 경험하게 될 거예요.

일과 내려놓음

지속적으로 내려놓는 마음으로 일할 때 우리는,

1. 우리의 임금에 만족하게 될 것이다. 이것은 세례 요한이 그에게 조언을 요청한 군인들에게 말해 주었던 것이다(눅 3:14). 요한의 조언은, 사도 바울이 그리스도인 고용주들('상전')에게 종들에게 '의롭고 공평하게' 보수를 지급하라고 가르쳤던 것처럼(골 4:1) 군인들도 적당한 임금을 받고 있었음을 가정한다. 시세를 기준으로 임금을 받는 오늘날의 중산층 직장인들이 임금에 만족한다는 것은 곧 내려놓음의 길로 들어섰다는 표지다. 내려놓음의 실천은 끊임없이 더 가지려는 욕망으로부터 우리를 지켜주는 중요한 안전장치다. 사실 이와 같은 욕망이 계속 가열되면, '계속 고용하기에는 너무 비싼' 직원이 되어 오히려 역효과가 날 수도 있다.

2. 돈의 우상으로부터 자유롭게 될 것이다. 돈은 은혜의 수단이 될 수 있지만, 또한 죽음을 부르는 우상이 될 수도 있다. 예수님은 부자 청년을 만났을 때 이를 아주 쉽고 분명하게 보여 주셨다(마 19:16-26). 그 젊은이는 예수님께 다가와 이렇게 물었다. "선생님이여, 내가 무슨 선한 일을 하여야 영생을 얻으리이까"(19:16). 그는 재정적으로는 성공한 사람이었지만, 그의 수심에 찬 질문으로 미루어 보건대 돈이 결코 만족을 가져다주지는 못한 것 같다. 그는 공허함을 느꼈고 더 많은 것을 갈망했다. 그 청년의 가장 깊은 병에 대해 예수님은 이렇게 말씀하셨다. "네가 온전하고자 할진대 가서 네 소유를 팔아 가난한 자들에게 주라. 그리하면 하늘에서 보화가 네게 있으리라. 그리고 와서 나를 따르라"(19:21). 돈의 우상에게 사로잡혀 있던 그 청년은 근심하며 떠나갔다. 지속적인 내려놓음의 기술을 배우고자 하는 사람들

이라면 가서 소유를 팔아 가난한 자에게 주는 지속적인 과정을 기뻐할 것이다. 이렇게 할 때 우리는 하나님 나라를 얻는다. 즉 우리의 영원한 보화, 예수 그리스도를 얻는다.

3. 사람과 조직, 심지어 교회를 억누르는 돈의 위력에 맞서 영적 전쟁을 성공적으로 수행하게 될 것이다. 이러한 영적 전쟁은 끊이지 않는다. 위대한 성인들도 마찬가지였다. 돈은 단순히 교환을 위한 중립적 매개체가 아니기 때문이다. 돈에는 강한 애착을 불러일으키는 힘이 있다. 전도서 저자는 "돈을 좋아하는 사람은 돈이 아무리 많아도 만족하지 못[한다]"(전 5:10, 새번역)고 선언했다. 돈은 우리로 하여금 돈으로 살 수 있는 것만을 갈망하게 만든다.[1] 또한 안정감과 죄책감을 동시에 주고, 우리가 돈에 신세를 지고 있다는 느낌이 들게 만든다. 돈은 신과 같은 것이다. "너희는 하나님과 재물을 겸하여 섬길 수 없느니라"(눅 16:13). 탐욕스럽고 궁핍한 세상의 한가운데서 단순함과 내려놓음을 받아들이는 진정한 방법은 하나님 나라의 가치를 받아들이는 것이다.[2]

4. 베푸는 기쁨을 경험하게 될 것이다. "벌 수 있는 한 벌어라. 모을 수 있는 한 모아라. 줄 수 있는 한 주어라." 설교자 존 웨슬리는 그의 설교 "돈의 사용"에서 이렇게 선언했다.[3] 웨슬리의 이 금언에서 우리 역시 벗어날 길은 없다. 예수님은 부자 청년에게 그러셨던 것처럼 모든 사람에게 소유를 팔라고 말씀하지는 않으실 테지만, 우리 모두가 후하게 주라는 명령을 받았다. 세리 삭개오가 예수님과의 우정을 경험했을 때 그렇게 했던 것처럼 말이다.

단순하게 사는 임원

어느 날 오후, 바니(가명)는 오토바이를 주차장에 세우고 헬멧을 벗었다. "폴, 마침 당신 생각을 하면서 기도하고 있었어요!" 그가 말했다.

나는 이게 바니의 성격이라는 것을 익히 알고 있다. 그는 글로벌 IT 기업의 임원인데, 사람들을 위해 항상 진심으로 기도했다. 그는 진짜 사제 같았다. 바니는 자주 내게 전화를 해서 물었다. "오늘 아침에 하나님이 당신을 생각나게 하셨어요. 잘 지내시죠?" 바니는 신기하게도 정말 누군가가 필요할 때 꼭 연락을 했다.

고위경영자였을 때 바니는 '호사스럽게' 살 수도 있었지만, 그와 그의 아내 라헬은 '만족의 신학'을 실천하며 검소하게 살기로 선택했다.[4] 동료들과 비교했을 때, 바니는 밴쿠버 북부의 수수한 집에서 살았고, 저렴한 자전거를 탔고, 지역에서 검소하게 휴가를 즐겼다. 바니와 라헬은 자동차 한 대를 함께 사용했다. 그들은 이 모든 것에 만족했다.

바니는 또한 낮은 길을 선택했다. 승진 기회가 왔을 때 그는 오히려 강등을 자청했다. 추가적인 부나 책임이 주어지는 것이 두려워서가 아니라, 자신에게 주어진 새로운 위치 때문에 동료들을 직접 돌보지 못하게 될 것이 염려되었기 때문이다. 이것이 바로 그가 받은 최고의 은사, 곧 직장에서 목회자가 되는 소명이었다. 적은 임금과 줄어든 업무는 그에게 아내와 가족, 이웃과 함께 보낼 수 있는 시간을 마련해 주었다.

비록 바니는 임원 자리에서 물러났지만 그의 소명으로부터 물러나지는 않았다. 그는 하향성의 길로 계속 나아갔는데, 이제는 버스나 오토바이를 타고 다니며 주차비를 절약한다. 또한 계속 도심에 사는 사람들을 돌보고 있는데, 특히 자전거 택배원들은 그를 목사로 여긴다. 그는 또한 고향을 방문하는 수감자들을 호송하는 자원봉사도 하고 있다. 오로지 그가 사랑하는 예수 그리스도를 위해서 말이다.

실천 과제

얼마나 많으면 '충분'할까? 집, 자동차, 휴가, 옷, 외식 같은 것을 예로 들어 생각해 보라.

23

내어 맡긴 만족

갈등	열매	결과
분노	온유	내어 맡긴 만족
사람과 환경을 조종하고 통제하려는 열망을 드러내는 것	자신의 의지를 내려놓고 겸허히 다른 사람을 북돋는 것	자기 자신과 자신이 가진 것과 하는 일에 만족하는 것

앨빈 폴, 요즘 저는 덜 불평하는 법을 배우고 있습니다. 저는 제가 일이 잘 안 풀릴 때 투덜거리는 사람이라는 것을 몰랐어요. 그런데 어느 날 밤, 아내와 친구 한 명과 저녁 식사를 하고 있는데, 그만 불평하라는 하나님의 음성이 들리더라고요.

폴 하나님이 불평을 그만하라고 말씀하셨나요?

앨빈 예, 그런 것 같아요. 직장에서 있었던 골칫거리들에 대해 불평하고 있었거든요. 지루함, 스트레스, 끊이지 않는 업무, 그리고 스스로 무식하고 멍청하다는 생각까지요. 그렇게 계속 불평을 늘어놓고 있었는데 갑자기 음성이 들렸습니다. 불평을 멈춰라. 그 목소리는 부드러웠지만 단호했어요. 저는 깜짝 놀랐습니다. 내가 불평을 하고 있었다고? 그제야 저는 식사 내내 불평을 하고 있었다는 것을 깨달았습니다. 그리고 바로 결심을 했지요. 불평을 멈추겠다고.

폴　　그것을 통해 무엇을 알게 되었나요?

앨빈　　제가 생각보다 불평을 많이 해 왔다는 것을 알게 되었어요. 멈추기가 매우 어렵다는 것도요. 하지만 저는 점점 두려움과 의심이 줄어들고 있음을 느낍니다. 늘 자신 있는 걸음과 미소 띤 얼굴로 사무실에 들어가게 되었고요. 매일 감사해야 할 것이 더 많다는 것도 알게 되었습니다.

폴　　불평을 많이 할수록 두려움에 굴복하게 되지요. 불평하지 않게 되면서 당신은 그 악순환을 끊은 거예요. 점차 당신을 괴롭히는 상황과 마주할 용기도 얻게 될 겁니다. 불평을 하나님께 내어놓은 이후에 당신은 일에 더 만족하게 된 것 같네요.

일과 만족

우리는 얼마나 많은 돈이 있어야 만족하게 될까? 이것은 내(앨빈)가 친구에게 던진 질문이었다. 그 친구는 말레이시아 최대의 통신회사에서 나와 함께 일한 동료였다.

"얼마나 있으면 만족할까?" 내가 존(가명)에게 물었다.

"5백만 달러?" 존은 말했다.

"음." 나는 곧 그가 이미 몇 채의 주택을 소유하고 있다는 것을 환기시켜 주었다. "너는 이미 그만큼을 갖고 있는 것 같은데."

"아니, 아니." 그는 손사래를 치면서 말했다. "그 5백만 달러에는 주식과 부동산, 집은 포함되지 않아. 나는 현찰로 500만 달러를 갖고 싶어."

몇 년 뒤, 존과 나는 점심을 함께했다(그가 한턱냈다). 그때는 우리 둘 다

다른 데로 이직을 한 후였다. 그는 그때 신생 통신회사의 수석 부사장이었다. 나는 몇 년 전에 나눴던 대화를 상기시켰다.

"그 5백만 달러는 어떻게 됐나?" 내가 물었다.

"목표를 바꿨지." 그가 말했다. "인플레이션이 심해졌잖아. 아이들 교육비도 대야 하고. 그래서 지금은 1,500만 달러야."

대부분의 사람들은 만족이라는 삶의 양식에 난처한 기색을 보인다. 우리는 본능적으로 더 많이 필요하다고 느낀다. 우리가 현재 갖고 있는 것에 만족하기란 쉬운 일이 아니다. 하지만 그리스도인들은 내어 맡긴 삶을 살라고 부르심 받았다. 그러한 삶은 우리에게 약점이 아니라 강점이 될 수 있다. 우리가 따르고자 하는 예수님은 자신의 의지를 사랑하는 아버지에게 맡기셨고, 십자가를 향해 묵묵히 걸어가심으로 내면의 강함을 보여 주셨다.

이러한 지속적인 내어 맡김은 성령이 일하신 결과다. 하나님께 내어 맡긴 삶을 살 때 우리는,

1. 일과 사람을 통제하려는 시도를 멈추게 될 것이다. 분노는 통제하고자 하는 불타는 욕망이다(우리가 속을 부글부글 끓이고, 소문을 퍼트리고, 좌절하고, 자신이 한 멍청한 짓 때문에 자책하고, 짜증을 낼 때, 우리는 직간접적으로 분노를 표출하는 것이다). 분노의 해독제는 신뢰받기에 합당하신 하나님께 지속적으로 내어 맡기는 것이다. 이것은 책임을 포기하는 것을 의미하지 않는다. 오히려 우리는 교묘하게 통제하지 않으면서도 권위를 행사할 수 있는 능력을 얻는다.

2. 하나님이 주신 것은 무엇이든지 받아들이게 될 것이다. 여기서 어떤 사람들은 하나님이 그들에게서 일을 '성취하는' 기쁨을 빼앗아 가신다고 느낄 수도 있다. 하나님께 내어 맡길 때, 좌절은 하나님이 주신 모든 것을 받아들이고 하나님이 요구하시는 모든 것을 드릴 수 있는 용기로 바뀐

다. 그것은 하나님이 자기 자신을 우리에게 내어 주셨기 때문이다. 위대한 영적 성인들도 조롱, 질병, 포기, 순교 같은, 통제를 넘어서는 문제에 직면했을 때 하나님께 화를 낼 수 있었지만, 그들은 하나님이 주신 것은 무엇이든지 받아들였다. 장피에르 드 코사드(Jean-Pierre de Caussade)는 이렇게 말했다. "가서…우리의 연약함을 내려놓고 하나님께 의지하자. 당신의 품 안에서 우리를 돌보실 만한 자비가 없으셨다면, 우리를 멋대로 걸어가도록 내버려두셨을 것이다." 예수회 사제인 그가 행정적인 고된 의무들과 아무 특색 없는 삶과 싸우고 있을 때에도 동료들은 그를 '하나님의 친구'라고 불렀다.[1] 마더 테레사의 삶 역시 내어 맡김의 또 다른 예인데, 그녀는 이렇게 말했다. "나는 예수님께 속해 있습니다. 그분은 당신이 원하시는 것은 무엇이든 내게 하실 수 있습니다."[2]

3. 깊은 만족을 경험하게 될 것이다. 하나님이 없다면 우리는 아무것도 아니다. 우리는 우리가 가진 모든 것이, 삶의 고통까지도 하나님께 속해 있음을 인정한다. 우리는 모든 것에 감사한다. 코사드는 "가장 위대한 것들뿐 아니라 가장 작고 평범한 것들 안에서 하나님을 발견하는 것은 귀한 믿음을 소유한 것이다. 현재에 만족하는 것은 지금 우리가 완수해야 하는 모든 것에 담겨진 하나님의 뜻을 사모하는 것이다"라고 썼다.[3]

현재에 만족하는 농부

도덕적·정치적으로 무질서했던 고대 이스라엘을 배경으로 하는 룻기는 예루살렘에서 남쪽으로 10미터 떨어진 베들레헴에 시어머니와 함께 정착한 모압 여인의 이야기다. 새로운 나라에서 살기 시작한 룻 앞에는 불리한 일들이 많았다. 그 지역 사람들은 모압인들에게 적대적이었다. 그녀는 재혼할 가망성이 거의 없는 과부였다. 그리고 특히나 룻에게는 홀로되어 실의에 빠져 있는 시어머니 나오미가 있었다. 누구든 룻의 입장에 처하면 절망에 빠져들었을 것이다. 그러나 룻은 근처 밭에 가서 주인이 흘린 보리 이삭을 줍는 낙천적인 모습을 보여 주었다. 그 후로 뜻밖의 사건들이 잇따라 일어나면서 밭주인 보아스는 룻을 사랑하게 되었고, 그들은 혼인해 아들을 낳았다. 그 아들의 후손에는 다윗 왕과 예수 그리스도도 포함되었다.

이 이야기는 등장인물들에게는 해피엔딩으로 끝나지만, 정작 우리가 관심을 가져야 하는 것은 불리한 상황 가운데 룻이 보여 준 하나님에 대한 절대적인 신뢰다. 룻은 어떻게 현실에 만족하는 삶을 살 수 있었을까?

○ 룻은 나오미와 하나님께 자신을 완전히 내어 주었다. 그녀는 나오미를 따라 이스라엘로 가는 크나큰 결정을 전혀 주저하지 않았다. "어머니께서 가시는 곳에 나도 가고 어머니께서 머무시는 곳에서 나도 머물겠나이다. 어머니의 백성이 나의 백성이 되고 어머니의 하나님이 나의 하나님이 되시리니 어머니께서 죽으시는 곳에서 나도 죽어 거기 묻힐 것이라"(룻 1:16-17). 룻은 자신의 계획을 포기하고, 새롭게 찾은 하나님에 대한 신뢰 외에는 어떤 것에도 매달리지 않았다. 17세기 영적 지도자 프랑수아 페넬롱(François Fénelon)은 이렇게 지적했다. "우리는 하나님이 요구하실 때 모든 것을 드려야 한다. 만약 우리에게 드릴 용기가 없다 하더라도, 그분이 가져가시게 할 수는 있다."[4)]

○ 룻은 현재에 최선을 다하면서 살았다. 하나님께 내어 맡긴다는 것은 수동적이 되거나 과거를 동경한다는 것을 의미하지 않는다. 룻은 매일매일, 아무리 작은 일이라 할지라도 적극적으로 반응했다. 룻과 나오미는 보리 추

수기에 이스라엘에 도착했고, 그녀는 밭 가장자리에서 보리 이삭을 줍기로 결심했다. 그것이 아주 하찮은 일로 보였지만 말이다(1:22-2:2). 룻의 창의성은 나쁜 날들을 좋은 날들로 바꾸었다. 페넬롱은 이렇게 말했다. "때로 나빠 보이는 것일지라도, 우리가 하나님께 맡기고 성급하게 하나님을 앞지르지만 않는다면 좋은 것이 될 수 있다."[5]

ㅇ 룻은 작은 일에 성실히 임하는 법을 배웠다. 그녀는 일의 수고와 어려움을 받아들였다(룻 2:7, 17, 18). 그녀는 화내거나 자기연민에 빠지지 않고 날마다 일했다. 또한 삶에서 큰 것들에 집착하지 않았다. 그녀는 부유한 땅 주인과 결혼하거나 아이를 낳거나 사회에 받아들여지는 것에 몰두하지 않았다. 그녀는 단순히 그녀의 일을 성실하게 했다. 그녀는 하찮은 일을 마다하지 않았다.

ㅇ 룻은 고초와 축복을 모두 끌어안았다. 그녀의 능력과 결단력이 있는 사람이었지만, 혼자서 모든 것을 해결하려고 하거나 자비와 사랑을 받아들이기를 거부하지 않았다(2:10-14, 21; 3:17; 4:13-15). 혼인을 시키려는 나오미의 조언을 들으며 룻은 이렇게 말했다. "어머니의 말씀대로 내가 다 행하리이다"(3:5-6). 그녀는 보아스의 환대와 후한 대접을 감사히 받았다. 삶의 고통과 기쁨을 모두 끌어안음으로써 룻은 하나님의 사랑과 친절을 담는 그릇이 되었다.

ㅇ 룻은 기다리는 기술을 알고 있었다. 그녀는 적극적으로 나서서 행동할 수도 있었지만, 고통스러운 불확실성의 시기에 근심하지 않았다. 룻이 담대하게도 보아스와의 혼인 의지를 암시적으로 알린 후, 보아스는 룻에게 "이 밤에 여기서 머물러라.···아침까지 누워 있을 지니라"(룻 3:13)라고 말했다. 룻은 정숙한 마음으로 동요하지 않고 기다렸다. 다음 날에도 보아스는 룻에게 이 사건이 앞으로 어떻게 될지 분명해질 때까지 '기다리라'고 조

언했다. 룻은 그녀의 미래가 자신이 아닌 하나님의 손에 있다고 확신하면서 또다시 기다렸다.

룻처럼, 사도 바울도 명성과 거부, 환대와 굶주림, 우정과 고난, 쉼과 분주함 사이에서 격동을 경험했다. 빌립보에 있는 친구들에게 쓴 편지에서 바울은 그의 만족의 비밀을 밝혔다. "아무것도 염려하지 말고 다만 모든 일에 기도와 간구로, 너희 구할 것을 **감사함으로** 하나님께 아뢰라. 그리하면 모든 지각에 뛰어난 하나님의 평강이 그리스도 예수 안에서 너희 마음과 생각을 지키시리라"(빌 4:6-7, 저자 강조).

실천 과제

오늘 당신은 구체적으로 무엇에 대해 하나님께 감사했는가? 목록을 적어 본 다음, 그것들에 만족할 수 있게 해주신 하나님께 감사하라.

24

생명을 주는 리듬

갈등	열매	결과
나태	충실	생명을 주는 리듬
최소한의 일이나 전혀 중요하지 않은 일을 하고, 안이함을 좋아하는 것	중요한 일을 맡기면 끝까지 완수하며 전적으로 신뢰할 수 있는 것	일에 사로잡히지 않으면서도 훌륭하게 일을 해내는 삶의 패턴을 경험하는 것

폴　　일을 지나치게 많이 하거나 적게 하는 것이 일종의 나태가 될 수 있다고 했던 말을 기억하시지요? 중요한 일에 관심을 기울이지 않고 오로지 급한 일에만 집중할 때 우리는 게을러질 수 있습니다. 우선순위를 정해 성실하게 수행하지 못하면 결혼생활, 가족, 개인적인 관계들이 무너지죠.

앨빈　　일에 매몰되지 않으면서도 훌륭하게 해낼 수 있다면 얼마나 좋을까요?

폴　　예수님을 초대한 두 여인, 마르다와 마리아의 장점을 통합하면 그렇게 할 수 있습니다. 전통적으로 마르다는 산만하고 분주해서 예수님께 꾸지람을 들은 여성으로 기억되어 있습니다. 반면에 마리아는 예수님의 발치에 앉아 그의 말씀을 경청한 것 때문에 칭찬을 받았지요(눅 10:39). 그러나 마르다는 실제로 예수님에 대한 환대와 사랑을 표현하기 위해 음식을 만들었습니다. 그러한 동기는 선했지만 그녀의 태도에는 잘못이 있었습니다. 마르다는 많은 일을 혼자서 다 해야 한다고 생각했습니다. 또 자신에 대한 기대가 너무 높았지요. 딜레마에 빠진 그녀는 하나님을 원망했고 제자들을 위한, 예수님을 위한, 그리고 마리아를 위한 그 잔치를 망치고 말았습니다.

앨빈   우리 대부분은 마르다와 같습니다. 동료들과 저는 지나친 기대 때문에 다른 사람들의 도움 없이 많은 일을 해야 한다고 생각했고, 그래서 아주 힘들었습니다.

폴   마리아를 사랑하신 예수님은 이렇게 말씀하셨습니다. "네가 많은 일로 염려하고 근심하나 몇 가지만 하든지 혹은 한 가지만으로 족하니라"(눅 10:41-42). 예수님은 마르다가 음식을 만든 것을 두고 판단하신 것이 아니었습니다. 아마도 마르다의 환대를 높이 평가하셨을 것입니다. 하지만 고급 요리라도 만들려는 듯, 모든 것을 완벽하게 하려는 그녀를 부드럽게 나무라셨지요. 마르다는 그런 태도 때문에 예수님의 말씀을 경청하고 예수님과 함께할 수 없었습니다. 예수님은 "마리아는 이 좋은 편을 택하였[다]"고 결론내리셨습니다.

앨빈   우리에게는 예수님의 말씀에 귀 기울이는 마리아의 태도와, 예수님을 섬기는 마르다의 행동을 통합시키는 것이 필요하다는 말씀 같네요.

폴   네. 일터에서 생명을 주는 리듬을 개발할 수 있는 비밀이 바로 거기에 있지요.

일과 생명을 주는 리듬

대부분의 사람에게 일과 삶 사이에 균형을 맞추는 것은 도달하기 힘든 목표가 된다. 그리고 하나님을 제외시킨 채 상충하는 여러 욕구들 사이의 균형을 잡으려고 시도하는 것은 종종 우상 숭배가 되기도 한다. 그보다 우리에게 필요한 것은 활동과 성찰을 하나로 엮는 생명을 주는 리듬이다. 절제라는 성령의 열매가 이끄는, 행동과 성찰이 '합쳐진' 삶은 뒤죽박죽된 삶을 회복시키는 훌륭한 교정책이다.

자기통제라는 성령의 선물이 우리에게 있다면 우리는,

1. 원칙에 기초한 삶을 살게 될 것이다. 수세기 동안 수도원 공동체들은 베네딕트 회칙(Rule of Benedict) 같은, 기도와 일을 위한 규칙의 가치를 강조했다. 우리 역시 규칙에 따라 성실하고 유연하게 살아간다면 유익을 얻을 수 있을 것이다. 당신은 일, 주, 월 단위로 당신 자신을 위한 리듬을 체계적으로 세워 이것을 실천할 수 있을 것이다. 너무 많은 것을 이루어내려는 충동을 억제하고, 융통성을 발휘하라. 삶의 규칙 안에 당신이 원하는 모든 것을 맞출 수는 없다. 여기서 당신은 선택을 해야 한다. 더 좋은 것들에 '예'라고 말하기 위해서는 그보다 못한 것들에 '아니오'라고 말해야 한다. 예를 들면 어떤 것들이 있겠는가?[1] (영적 지도자들이나 지혜로운 친구들을 만나면 '예'와 '아니오'를 분별하는 데 도움이 될 것이다.) 규칙을 지키며 사는 사람들은 아래 제시한 것과 같이, 성경을 읽고, 성찰을 하고, 안식일을 지키고, 묵상 시간을 늘리기 위한 변화를 도입했다.

2. 성경 묵상과 기도를 통해 하나님의 음성에 규칙적으로 귀를 기울이게 될 것이다. 예수님은 사람이 빵만으로 살 수 없다고 말씀하셨는데, 그 이

후로 역사상 위대한 성인들은 두 가지 방식으로 성경을 묵상했다.

- '렉티오 콘티누아'(Lectio continua): 창세기 1장부터 시작해 매일 구약을 한 장씩 읽고, 마태복음 1장부터 시작해 신약을 한 장씩 읽고, 마지막으로 시편을 한 편씩을 읽는다. 이렇게 하면 성경을 1년에 한 번, 시편은 1년에 두 번 읽게 된다.
- '렉티오 디비나'(Lectio divina): 기도하는 마음으로 성경의 한 구절에 머문다. 소가 풀을 되새김질하듯이 생각을 반추하며 하나님이 말씀하실 때까지 침묵한다.

3. 우리 삶 속에서 하나님이 무엇을 하고 계시는지 매일 성찰하게 될 것이다. 위대한 성인들은 몇 가지 방식을 정해 살아 있는 성찰의 삶을 실천했다. 자신의 삶을 성찰하는 사람은 본능적으로 또는 의지적으로 (보통 하루의 끝에) 하나님께 기도하고, 다음과 같은 것들을 질문하게 될 것이다.

- 오늘 중 언제 가장 많이 감사드렸는가?
- 오늘 중 언제 가장 적게 감사드렸는가?
- 당신의 하루를 천천히 돌아보라. 당신은 무엇에 감사하고, 또 무엇을 후회하는가?
- 지난 하루, 한 주, 한 달, 1년 동안 일어난 일들에 어떤 패턴이 보이는가?
- 그러한 패턴들은 당신과 하나님의 관계에 대해 무엇을 말해 주는가?

이 질문들에 답한 다음, 하나님께 모든 것을 말씀드리고 하나님께 이해를 구하는 기도를 한 후 성찰을 마무리하라. 하나님이 당신에게 오시는 것

을, 그리고 필요하다면 당신을 놀라게 하실 수도 있음을 받아들이라.[2]

4. 안식일을 지키고 휴식의 필요성을 인정하게 될 것이다. 이것은 일을 삼가고, 하나님의 선하심을 축하하고, 삶의 의미를 성찰하는 것을 의미한다. 안식일은 율법이자 선물이다. 목사이자 영성 신학자인 유진 피터슨은 "나머지 날들을 위해 일주일에 하루를 쉴 여유가 없다면, 당신은 당신 자신을 지나치게 심각하게 취급하고 있는 것이다"라고 말했다.[3] 안식일은 하나님이 우리에게 하신 일을 성찰하고, 우리가 하나님을 위해 한 일에 대해 새로운 통찰을 얻게 해준다. 안식일은 하나님이 우리 일의 중심에 계시다는 것을 상기시킴으로써 다가오는 한 주를 잘 준비할 수 있도록 돕는다.

5. 기도와 성찰을 위해 분주함과 활동으로부터 물러날 필요가 있음을 인정하게 될 것이다. 제대로 사는 삶의 비밀을 이해한 많은 그리스도인들은 한 달에 적어도 이틀은 기도와 묵상을 위해 따로 시간을 떼어놓았다. 여기에는 교훈적인 책을 읽는 것도 포함된다. 신학교의 집중 코스는 종종 그러한 배움과 성찰을 위한 좋은 환경이 될 수 있다.

쉼이 있는 대표

회사를 이끄는 지도자는, 많은 시간과 에너지를 사람들과 씨름하고 문제를 해결하는 일에 쏟아야 한다. 종교 기관 대표들도 마찬가지인데, 그들은 결과와 기대에 부응하면서도 자신들의 영적인 가치에 따라 진정한 삶을 살아가야 한다. 그러나 시간이 지나면 심신이 피로해지고, 삶이 힘들어지며, 혼란스러워진다. 이런 상황은 한꺼번에 몰려올 수도 있다.

2007년 여름 동안 밴쿠버 리젠트 칼리지 학장 로드 윌슨(Rod Wilson)은

웨일즈 헤이온웨이의 골목길을 어슬렁거리다가 이런 상황을 직접 경험했다. 어느 모로 보나 그는 일을 잘하고 있었다. 그는 수백만 달러짜리 도서관을 세우기 위한 모금 캠페인을 성공적으로 완수한 참이었다. 그 학교는 신규 부채도 발생시키지 않았다. 학생들은 도서관을 아주 잘 이용하고 있었고, 교수진도 그의 지도력을 계속 지지했으며, 그 또한 가르치고 강연하는 시간을 가질 수 있었다. 학교는 그에게 여름휴가를 떠나 푹 쉬라고 강력하게 권했다.

처음에, 열렬한 독서가인 로드는 1,400명의 주민과 38개의 중고 서점이 있는 소도시 헤이온웨이에서 지내며 활력을 얻었다. 업무, 성취, 성공 지향적인 생각을 옆으로 밀쳐 두겠다고 결심한 로드는 아내 베브와 함께 핸드폰, 컴퓨터, 인터넷, 이메일, 자동차 사용을 중단했다. "우리는 걷고, 읽고, 자고, 먹고, 이야기했으며, 업무 수행에 맞는 생활방식에서 침묵과 묵상, 존재하기가 특징인 생활방식으로 바꾸었다."[4]

그러나 그가 웨일즈에 있는 동안 많은 일들이 일어났다. 로드는 이렇게 고백했다. "나는 심리적으로나 육체적으로 고통을 경험했다. 일과 생산적인 업무를 그리워했고, 해야 할 일이 없어서 고통스러웠다. 이는 나에게 중대한 위기였다." 그는 자신이 일만을 추구하고 있었다는 것을 깨달았다. 그는 존재하는 것보다는 **일하는 것**에 가치를 두었다. 안식은 그에게 불필요하고 무의미한 것이었다.

로드는 "웨일즈에서의 삶을 통해 나는 하나님의 경륜이 내려놓음과 일로 짜인 융단에 기초하고 있음을 깨달았다.⋯우리는 하나님을 묵상 가운데서도 활동 가운데서도 모두 볼 수 있다"고 회고했다. 그는 밴쿠버로 돌아온 다음 새로운 리듬으로 살기로 결심했고, 안식일에 관해서는 엄격하게 종교적인 자세를 갖기로 결단했다. 그는 24시간 휴식을 지켜 나가게 되었다. 그날에는 이메일도, 인터넷도, 어떤 종류의 컴퓨터도 사용하지 않았다. 그는 가족이나 친구와 함께 지내고, 정원에서 시간을 보내고, 일과 관련된 것은 어떤 것도 하지 않았다. 일주일에 하루, 리젠트 칼리지 학장과는 어떠한 방법으로도 연락할 수 없게 되었다.

안식일을 실천하는 것은 처음에는 꽤 도전적인 일이었다. 사람들은 주말에 보낸 이메일에 답신이 늦게 오자 어리둥절했다. 또 그의 휴대폰도 꺼져 있었다. 그러나 사람들은 점차 로드의 새로운 생활방식에 적응할 수 있게 되었다.

생명을 주는 리듬을 기르면서 로드는 단순히 잘 지내는 것 이상의 많은 것들을 알게 되었다. 그는 삶의 중심에 계시는 하나님을 알게 되었다. "지난 8개월 동안 나는 안식일의 정기적 실천이 어떤 결과를 만들어 내는지 보고 깜짝 놀랐다. 그것은 바로 샬롬에 대한 감각이 더 깊어진 것이다."

실천 과제

성령은 당신의 삶에 어떤 패턴을 만들어 냈는가? 여기에 어떤 리듬을 더할 수 있을까? 이 새로운 리듬을 당신의 삶에 통합하기 위한 계획을 세워 보라.

25

이웃 사랑

갈등	열매	결과
질투	친절	이웃 사랑
다른 사람이 잘되거나 재산이 늘어나는 것을 보고 괴로워 하는 것	다른 사람의 재능과 성취를 기뻐하고 그들을 편안하게 해주는 것	다른 사람의 필요를 채우고 그들의 안녕을 위해 기여하는 것

앨빈 지난번에 질투가 우리 안에 어떻게 자리잡고 있는지 살펴보았습니다. 더 이상 질투의 지배를 받지 않음을 나타내는 확실한 지표는 무엇일까요?

폴 우리 자신에게 사로잡히지 않고 우리가 하는 일에 대해 염려하지 않는 것입니다. 그 대신 다른 사람들에게 집중하는 것이죠. 물론 지나친 호기심 때문이 아니라, 그들을 사랑하고 축복하는 마음 때문에 그래야겠지요.

앨빈 동료와 상사, 직원을 매일 사랑하고 축복하는 창조적인 방법을 찾고자 노력한다면, 일터에서 정말 큰 변화를 일으킬 수 있겠네요?

폴 혁명적인 변화를 일으킬 수 있을 겁니다. 예수님은 하나님을 사랑하고 이웃을 사랑하라는 두 가지 계명으로 율법을 요약하셨습니다. 이

두 가지 명령을 짝지은 것에는, 우리가 하나님의 사랑에 의해 동기 부여가 될 때에야 장기적이고 지속가능한 이웃 사랑을 할 수 있다는 뜻이 담겨 있습니다.

일과 이웃 사랑

질투는 사람을 깎아내리는 비열하고 은밀한 죄다. 많은 이들의 사랑을 받은 기독교 영성 작가 헨리 나우웬은 질투로 향하는 자신의 성향을 잘 알고 있었다. "하나님을 사랑하는 것보다 하나님이 되는 것이 더 쉬워 보이고, 사람을 사랑하는 것보다 통제하는 것이 더 쉬워 보이고, 생명을 사랑하는 것보다 소유하는 것이 더 쉬워 보인다."[1]

질투와는 달리, 이웃 사랑은 넓은 마음으로 기쁘게 사람을 세워 주는 것이다. 자신만을 생각하는 것이 아니라, 다른 사람에게 선을 베풀고 싶어 하는 것이다. 그래서 다른 사람들이 성공할 때 화내지 않고 기뻐한다.

성령이 이웃 사랑의 마음을 불러일으킬 때 우리는,

1. 조직 안에 있는 사람들을 돌볼 수 있게 된다. 일터에서 동료의 실제적인 필요를 채우는 데 초점을 맞출 때 우리는 동료를 사랑하게 된다. 그들의 기술, 능력, 지위와 상관없이 그들을 한 사람으로서 존중하게 된다. 우리는 마음이 통하는 사람들과만 시간을 보내지 않으며, 공동체의 주변부로 밀려난 사람들을 돌봐 준다(눅 6:27-38; 14:12-14). 서로 관계 맺을 시간이 거의 없는 일터에서, 우리는 동료들의 개인적인 힘듦에 귀를 기울일 수 있는 편안한 공간을 만들기 위해 노력한다.

2. 필요할 때는 엄격한 사랑을 보여 줄 수 있게 된다. 어떤 상황에서 사랑은 직원의 실력 향상을 위해 코치하고, 상사와의 곤란한 대화를 주도하고, 팀원의 실수를 호되게 꾸짖는 행동을 요한다. 또 어떤 상황에서는 그것과 정반대, 즉 침묵하고 다른 사람에게 양보하는 행동을 요하기도 한다. 중요한 것은, 우리 자신이 아니라 다른 사람에게 유익이 되는 것이면 무엇이든지 한다는 것이다.

3. 조직 안에 있는 자원들에 관심을 가지게 된다. 청지기로서 우리는 조직의 자산을 관리하라는 부름을 받았다. 그 자산에는 클립과 복사기 같은 눈에 보이는 것도 있고, 윤리와 비전, 가치 체계 같은 보이지 않는 것도 있지만, 가장 중요한 자산은 바로 사람이다. 경영 컨설턴트 피터 블로크(Peter Block)는 선한 청지기는 우리 주변에 있는 사람들을 통제하는 것이 아니라 기꺼이 섬기려는 마음을 갖는다고 말한다.[2] 서번트 리더십 전문가 로버트 그린리프(Robert Greenleaf)는 "비즈니스의 제1명령은 조직의 영향 아래서 성장하고 건강해지고 강해지는 사람들의 집단을 세우는 것"이라고 덧붙인다.[3]

4. 조직 외부에 있는 사람들과 자원들에 관심을 가지게 된다. 우리에 대한 하나님의 사랑에 의해 동기 부여된 우리의 사랑은 세상에 대한 사랑으로 드러나야 한다. 오늘날 사용되는 비즈니스 용어로 하자면 기업의 사회적 책임이 포함되는데, 우리는 이것을 통해 고객과 소비자, 공급자, 사회의 광범위한 이해관계자에 대한 성실을 보여 준다.[4]

가이사랴의 바실리우스와 젊은 사막의 제자 사이에 오간 대화를 보면, 가까이 혹은 멀리 있는 이웃을 사랑하는 것은 평생의 여정임을 알 수 있다.

어느 날 젊은이가 사막으로 와서 사막의 수도자에게 말씀을 청했다. 수도자가 말했다. "이 말을 이루기 전까지는 돌아오지 않을 수 있는가?"

"약속할 수 있습니다."

"그러면 마음과 영혼과 힘과 지성을 다하여 주 너의 하나님을 사랑하라."

20년이 지나 그 젊은이가 당당하게 돌아왔다. "말씀하신 대로 다 했습니다. 이제 제게 다른 말씀을 해주십시오."

"알겠다. 말하건대 이것을 완전히 이루기 전까지는 돌아와서는 안 된다."

"약속하겠습니다."

"그러면 네 이웃을 너 자신처럼 사랑하라."

그 젊은이는 그 후로 다시 돌아오지 않았다.[5]

사랑을 나눠 주는 주부

폴의 어머니 글래디스 스티븐스는 이웃을 문자 그대로 사랑했다.

폴이 어렸을 때, 길고 추운 캐나다의 겨울을 지내는 동안, 글래디스는 남편 어니스트와 두 아들, 그리고 근처를 지나가게 될 누군가를 위해 늘 정성스런 식사를 준비했다. 글래디스는 언덕 위 단칸 오두막에 살고 있는 앨버트 주프와 그의 노모를 늘 생각했다. 저녁마다 그녀는 폴의 손에 소고기와 구운 감자(또는 그날 저녁에 만든 요리)를 들려 그 언덕 집에 보냈다. 글래디스는 바깥문을 항상 열어 놓아 앨버트가 매일 씻고 마실 물을 길어 갈 수 있게 했다.

글래디스는 뉴펀들랜드의 아주 가난한 가정에서 자랐다. 그녀의 아버지는 어부였다. 16살 때 그녀는 토론토로 가서 부잣집 가정부로 일했다. 그녀는 어니스트와 결혼해 가정을 이루었고, 세 아이를 낳았지만 둘째는 사산

했다. 아이를 낳은 후에는 매번 우울증을 앓았고 몇 주 동안 입원해야 했다. 이런 상황 속에서도 그녀는 눈에 보이는 사람들을 친척이든 낯선 사람이든 가족이든 가리지 않고 사랑했다. 폴은 학교에서 돌아와 그의 침대나 집기 또는 꽤 큰 가구들이 사라지고 없는 것을 본 적이 여러 번 있었다고 기억했다. 글래디스가 그것들을 마을에 새로 이사 온 사람들에게 주었던 것이다. 그녀는 폴이 알고 있는 사람 중 가장 너그러운 사람이었다.

글래디스는 6년밖에 교육을 받지 못했지만 그녀에게는 순전한 믿음이 있었다. 그녀는 매사에, 그것이 기회든 고난이든, 하나님께 사랑과 감사로 아뢰었다. 그것이 바로 그녀가 보여 준 이웃 사랑의 비결이었다.

실천 과제

가까이 있는 사람이든 멀리 있는 사람이든, 당신의 이웃 가운데 당신이 마음으로 사랑해 주어야 할 이웃은 누구인가? 그 사람에게 당신의 사랑을 어떻게 보여 줄 수 있겠는가?

26

소명에 대한 확신

갈등	열매	결과
동요	인내	소명에 대한 확신
늘 지금보다 나은 곳이 있으리라 느끼고 불안정한 것	의미와 희망을 갖고 자신의 자리를 계속 지킬 수 있는 것	하나님의 뜻 안에서 하나님의 일을 하고 있다고 확신하는 것

앨빈 일을 할 때 영성이 우리 안에서 자라고 있다는 것을 보여 주는 분명한 표지는 무엇일까요?

폴 하나님이 우리를 부르셨다는 확신이 자라는 것입니다. 그렇게 되면 무슨 일을 하든지 그 일이 우리를 향한 하나님의 뜻과 이어져 있다는 확신을 갖고 일할 수 있습니다.

앨빈 무슨 일을 하든지 상관없다는 말씀이신가요? 끔찍하거나 지겹거나 의미 없는 일이라도요?

폴 그렇습니다. 우리는 여러 직업을 택할 수도 있고, 단 하나의 직업을 택할 수도 있습니다. 하지만 우리는 성장하면서 우리를 향한 하나님의 독특한 부르심에 민감해집니다. 하나님이 우리를 택하셨다는 것을 깨닫게 되는 것이죠. 이것이 우리에게 마음을 다해 일할 수 있는 확신을 줍니다. 우리가 일을 통해 예수 그리스도와 연합하게 됨을 알게 되는 것이죠.

일과 소명에 대한 확신

이것 한 가지는 확실하다. 우리는 살아가는 내내 끊임없이 직업을 바꾸게 될 것이다. 이는 특히 20대와 30대에게 해당되는 말이다. 이들은 은퇴할 때까지 앞으로 최소 여덟 종류의 일을 하게 될 것이다. 새로운 일에 직면할 때마다 우리는 종종 의심과 불확실성에 사로잡히겠지만, 우리는 그런 상황에서 하나님의 음성에 귀를 기울이고 변동과 변화의 시간들이 반드시 나쁜 것만은 아니라는 것을 깨달을 필요가 있다. 그런 시간들은 우리에게 가장 좋은 것이 무엇인지 알고 계시는 하나님을 신뢰할 수 있는 기회가 된다.

앞서 17장에서 인내를 이야기하며 언급했듯이, 청교도 윌리엄 퍼킨스는 소명은 모두 평등하다고 말했다. 소명은 사람에게 적합해야 하고, 사람은 소명에 적합해야 한다. 소명을 분별하기 위해 우리는 우리의 성품과 욕구, 재능을 검토해야 한다. 자신의 성향과 재능을 판단하는 데 개인의 편견이 작용할 수 있기 때문에, 지혜롭고 신뢰할 만한 사람들의 조언과 도움을 받는 것이 좋다. 또한 우리를 부르신 유일하신 분께 귀를 기울이는 것도 반드시 포함되어야 한다. 우리는 단순히 무엇을 하라고 부르심을 받은 것이 아니다. 우리는 하나님과 연합하라는 부르심을 받았다.

소명은 단순히 직업을 말하는 것이 아니다. 소명은 삶의 방식 그 자체다. 소명을 따라 살려고 노력할 때 우리는,

1. 우리 삶에 있는 역동적인 목적과 방향을 경험할 수 있게 된다. 우리

는 '우리 자신의 일'이나 단순히 쾌락을 주는 일을 하는 것이 아니기 때문에 목적과 방향을 찾는다. 농사를 짓든 컴퓨터를 디자인하든, 주부든 영업사원이든, 비즈니스 업계에 있든 의료계에 있든, 목회를 하든 집을 짓든, 우리의 삶과 일이 창조 세계를 향한 하나님의 위대한 목적과 조화를 이루는 것은 정말로 가능하다.

    2. 사랑 안에서 일하고 섬길 수 있게 된다. 하나님은 우리가 혐오하는 것을 하라고 우리를 부르시지 않는다. 하나님의 뜻은 우리 삶의 구석구석에 새겨져 있다. 우리의 열정, 우리의 재능과 적성, 태어날 때 우리에게 주신 성격, 하나님이 준비하신 우리 삶의 환경, 그리고 우리에게 직접 말씀하시는 하나님. 이 모든 것이 우리가 부름받아 일할 곳이 어디인지 분별하는 데 도움을 주는 요소들이다. 우리는 일을 사랑하도록, 또 사랑을 위해 일하도록 지음받았다. 중세 신비주의 영적 지도자 아빌라의 테레사는 "중요한 것은 많이 생각하는 것이 아니라, 많이 사랑하는 것이다. 그러니 그대에게 가장 사랑을 불러일으키는 일을 하라"고 말했다.[1]

    3. 일이 곧 이웃 사랑의 실천이라는 새로운 확신을 얻게 된다. 21세기를 사는 사람들에게는 그들이 섬기고 있는 '이웃들'이 가시적으로 보이지 않는 경우가 많다. 예를 들어, 연구원, 컴퓨터 프로그래머, 카피라이터, 요리사, 그리고 그밖에 무대 뒤에서 일하는 사람들은 그들이 섬기고 있는 고객이나 이해관계자들을 직접 만나지 못한다. 그럼에도 불구하고 그 일에 부름받았다는 사실을 인식한다면, 그래서 그 일을 통해 더 넓은 공동체에 속한 사람들의 필요를 채워 주고 있다고 생각한다면, 그것이야말로 일을 통해 이웃을 사랑하고 있는 것이다. 현대 기독교 작가 프레드릭 뷰크너는 이 점을 아주 멋지게 표현했다. "하나님이 당신을 부르셔서 맡기신 일은, 대개의 경우 당신에게 가장 필요하고 세상이 가장 필요로 하는 일이다.…

따라서 하나님이 당신을 부르신 곳은 바로 당신의 기쁨과 세상의 갈망이 만나는 곳이다."[2]

4. 일은 본질적 가치(단지 보수 때문이 아니라, 그 자체로 가치가 있는)를 지닐 뿐 아니라 하나님이 만드실 새 땅에서도 그 가치가 이어질 것임을 알게 된다.

5. 우리 안에서 일하시는 하나님을 경험하게 된다. 하나님은 우리가 일할 때 우리의 모습을 빚으시고 만드시고 새롭게 하시며, 하나님과의 더욱 깊은 연합과 친교로 이끄신다. 우리 삶이 끊임없이 진보하듯 우리의 일도 그러하며, 하나님과 동행하는 삶 역시 우리가 일을 하는 과정을 통해 지속적으로 진보한다.

소명의 상인

캐나다 신학자 캘빈 지어벨트(Calvin Seerveld)는 그의 아버지에 관한 이야기를 들려주었다. 그의 아버지는 뉴욕 그린사우스베이 어시장에 있는 생선 점포 주인이었다. 그 점포는 생선 비린내를 풍겼지만, 늘 부산하고 웃음이 넘치는 즐거운 일터였다. 어린 캘빈도 거기서 일했다.

어느 바쁜 목요일 오후, 캘빈은 머뭇거리는 손님에게 그 생선이 매우 싱싱한 물건이라는 확신을 심어 주려고 애쓰는 아버지를 지켜보고 있었다. 그 손님은 인근에 사는 아주 부유한 부인이었다.

상인과 손님 둘 다 그 생선을 찬찬히 살펴보고 있었다. 캘빈의 아버지는 단단하고 굵은 두 손으로 그 생선을 불빛 가까이로 들어 올렸다. 눈동자가 선명했고 아가미 색깔도 좋았다. 육질도 단단했다. 잘생긴 그 놈을 유심히 바라보던 부인은 한결 마음이 풀린 것 같았다. 값도 적당해 보였다.

"아주 좋은 놈입니다!" 캘빈의 아버지가 감탄조로 말했다. "씻어 드릴까요?"

부인은 그렇게 해달라고 했다. 그녀는 흥정이 아주 쉽게 끝났다며, 아쉽다는 듯이 캘빈의 아버지에게 말했다. "진짜 천직이네요."

어린 시절의 그날을 회상하며, 지어벨트는 그 부인이 무심코 던진 말에 그의 아버지에 관한 진실이 담겨 있었다고 말했다. "아버지는 생선을 팔면서 하루 종일 선지자요 제사장이요 왕이신 주님을 섬겼다. 그는 하나님의 영광을 위해 정성껏 생선을 잘랐다."[3]

실천 과제

지금 당신이 하고 있는 일에 강한 확신을 갖게 된다면 얼마나 좋을까? 그렇지 않다면, 당신이 삶에서 하나님의 소명을 분별할 방안을 생각해 보라.

27
마음을 천국에 둠

갈등	열매	결과
권태	평화	마음을 천국에 둠
일과 삶에 대한 진심 어린 열정이나 관심이 부족한 것	어떤 상황에서도 온전함과 조화에 대한 열망을 갖는 것	자신의 일을 영원의 관점으로 보며 의미와 기쁨을 가지는 것

앨빈 이 땅에서 우리가 한 일이 천국에도 남아 있을 것이라고 생각하십니까?

폴 아주 인상적인 질문이네요. 사랑하는 친구들과 가족들이 많이 죽었고, 저 역시 그 단계에 접어들었기 때문에 그런가 봐요. 시의 한 구절이 생각납니다.

>오직 한 번뿐인 인생, 이내 지나갈 것이라.
>오로지 그리스도를 위해 한 일 끝까지 가리라.

어떤 일이 천국에도 남아 있을 것인지 판단하는 것은 우리의 몫이 아닙니다. 우리가 하는 일 자체는 어떤 것도 끝까지 가지 못할 겁니다. 그러나 믿음과 소망과 사랑으로 행한 일, 곧 오로지 예수 그리스도를 위해 한 일은 새 하늘과 새 땅에서도 분명히 자리를 차지할 겁니다.

앨빈   손자들에게 만들어 주신 카약은 천국에서 볼 수 있을까요?

폴   제가 쓴 책들이 하나님의 정화의 불을 견딜 수 있을지는 잘 모르겠지만, 제가 만든 그 카약을 천국에서 볼 수 있었으면 좋겠네요. 그것은 제가 정말 사랑으로 만들었거든요.

일과 천국에 둔 마음

천국에 지나치게 마음을 두고 있으면 이 땅에서 쓸모없는 사람이 된다고 생각하는 경향이 있다. 하지만 그것은 진실이 아니다. 진정으로 하늘에 마음을 둔 사람이라면 이 땅에서 가장 실천적인 삶을 살 것이다. 예를 들어, 청교도들은 우리가 모두 죽는다는 것과 잘 죽기 위한 기술을 배워야 한다는 것을 알았기에, 매일 살아가는 것이 중요함을 강조했다. 그렇기 때문에 그들은 대부분 능숙한 행정가였고 장인이었다. 반대로 요즘 사람들은 마치 죽음이 현실의 일부가 아닌 것처럼 살아간다.

죽음을 염두에 두고 살아가면 비관적인 사람이 된다고 생각할 수도 있을 것이다. 심지어 죽음을 입에 올리는 것조차 금기로 여기는 문화도 있다. 하지만 이 우울해 보이는 세계관은 천국의 실재를 가리키는 매우 성경적인 사고다. "위의 것을 생각하고 땅의 것을 생각하지 말라"(골 3:2). 존 베일리(John Baillie)는 자주 이렇게 기도했다. "날마다 보이지 않는 세상을 부여잡을 수 있는 힘을 길러 주는 일을 하게 하소서.…이 땅에서 제 인생의 끝이 가까워 올 때, 다가오는 세상의 삶에 더욱 순응하게 하소서."[1]

천국에 마음을 두는 것은 이 세상에서 우리가 어떻게 살아가야 할지를 근본적으로 이해할 수 있는 유일한 방법이다. 옥스퍼드 교수이자 기독교 변증가였던 C. S. 루이스(Lewis)는 이렇게 말했다. "천국에 목표를 두어라. 그러면 땅을 얻을 것이다. 땅에 목표를 두어라. 그러면 어떤 것도 얻지 못할 것이다."[2)]

하늘에 마음을 두고 일한다면 우리는,

1. 왜 일을 하는지에 대한 영원한 관점을 얻게 될 것이다. 우리는 언젠가 주인의 즐거움에 참여할 것이다(마 25:21). 그때까지는 예수님의 비유에 나오는 종들처럼 살아가고 일할 것이다. 그 종들은 주인이 언젠가 돌아올 것을 알고 있었기에 즐겁게 일했다.

2. 우리의 개인적인 소명을 우주적으로 이해하게 될 것이다. 우리의 소명과 직업은 은퇴와 함께, 또는 죽음과 함께 끝나지 않는다. 우리의 구체적인 소명은 신비롭고 놀라운 방식으로 새 하늘과 새 땅까지 계속 이어질 것이다.

3. 외적인 것이든 내적인 것이든 온갖 장애물을 극복할 수 있는 소망과 용기를 얻게 될 것이다. 예수님이 어떻게 모든 장애물을 극복하셨는지 성경의 마지막 책 요한계시록이 우리에게 거듭 말해 주고 있기 때문에, 우리는 소망을 잃지 않을 것이다. 예수님은 하나님의 완전한 통치의 문을 여시고 완전한 질서와 조화를 가져오실 것이다.

4. 우리가 살고 있는 지구와 환경을 돌보게 될 것이다. 지구는 어떤 식으로든 영원히 지속될 것이며, 주권자이신 하나님에 의해 새롭게 변화될 것이다. 우리는 우리가 한 일의 열매가 '새 하늘과 새 땅'까지 남아 있을 것이라는 소망을 갖고 일한다(계 21:1). 가톨릭 신학자 이브 콩가르(Yves Congar)

는 "최종적 구원은 구원받은 자들이 하나님에 의해 완전히 다른 배로 옮겨 타는 것이 아니라, 우리가 살고 있는 이 지구 배를 다시 띄우는 놀라운 일로 성취될 것이다"라고 말했다.[3]

5. 이 세상에서 우리가 하는 일(육체적인 일이든 정신적인 일이든)에 본질적인 가치가 있음을 알게 될 것이다. 그리스도의 부활은 죽음을 정복하셨고, 하나님이 새롭게 해주신 우리의 일이 새 하늘과 새 땅에서 어떻게든 자리를 차지하게 될 것이라는 소망을 주셨다. '이 땅이 천국으로 가득 찬 것처럼'[4] 천국 역시 땅으로 가득 찰 것이다. "마지막 완성이 도래할 때 우리가 한 일은 성경 연구든 생화학이든, 설교든 수학이든, 도랑을 파는 일이든 교향곡을 작곡하는 일이든 변하지 않을 것이고, 영원히 지속될 것이다." 성경학자 톰 라이트(N. T. Wright)는 이렇게 말했다.[5]

천국에 마음을 둔 죄수

밧모 섬의 솟아 오른 바위 위에 한 노인이 서 있다. 그는 저 아래 출렁이는 에게 해의 어두운 회색 빛 파도를 바라보고 있다. 규정대로라면 쇠사슬에 묶여 있어야 했다. 그는 예수 그리스도의 제자로서 반역적 행위 때문에 로마 당국에 의해 유배당한 죄수였다. 그러나 그를 감시하는 수비병들은 그에게 자비를 베풀었다. 그들은 그를 보며 무해한 노인이라고 말했다.

사랑받은 제자 요한은 그 섬을 쇠사슬 없이 걸어 다닐 수 있는 자유를 허락받았다. 이곳에 온 지 이미 오랜 시간이 흘렀다. 달리 갈 수 있는 곳도 없었다. 그는 깨어 있는 시간의 대부분을 편지를 쓰면서 보냈다. 아니면 햇살 아래 조용히 앉아 눈을 감고 졸았다. 적어도 수비병들의 생각에는 그랬다. 그러나 요한은 완전히 다른 차원의 현실에서 삶을 바라보고 경험하고 있었다. 과거와 현재, 그리고 영원이 하나로 존재했다. 요한은 아무도 모르는 비밀을 알고 있었다. 젊은 시절, 그는 영원의 심장소리를 들었다.

50년 전 그는 나사렛 예수의 친구가 되었다. 요한은 예수를 만난 순간부터 그를 사랑했다. 가물거리는 기억 속의 3년 동안, 요한은 열두 제자에 속해 예수님과 함께 여행을 했다. 어느 날 밤 끔찍한 사건이 터지기 전, 요한은 예루살렘의 어느 다락방에서 예수님과 나머지 열한 제자와 함께 저녁을 먹고 있었다. 요한은 예수님에 대한 크나큰 애정으로 자신의 머리를 그분의 가슴에 기대고 있었다. 몇 시간 뒤 겟세마네에서, 요한은 예수님이 하나님께 기도하는 소리를 멀찍이서 들었다. 그는 하나님을 '아버지'라고 불렀다. 이것은 잇달아 터져 나온 놀라운 사건들-십자가에 달리시고, 무덤에 묻히시고, 무덤에서 살아나시고, 육신 그대로 하늘로 올라가신 사건-에 비하면 아주 작은 순간에 지나지 않았다.

아람어를 쓰던 팔레스타인 친구, 죽었다가 다시 살아난 그 예수님이 하늘과 땅을 창조하신 영원한 말씀이셨다는 이 놀라운 진실을 깨닫기까지, 요한은 7, 8년이 넘는 세월을 기도와 묵상에 전념해야 했다. 요한이 그의 머리를 예수님의 가슴에 기대고 있을 때, 그는 영원의 심장소리가 울리는 것을 들었다. 예수님께 손을 대고 있을 때, 요한은 영원한 생명에 손을 대고 있었다. 예수님의 기도를 듣고 있을 때, 요한은 성부 하나님과 성자 하나님의 대화를 듣고 있었다.

다시 밧모 섬. 요한은 그의 삶을 깊이 돌아보았다. 그는 실제로는 매우 실천적인 사람이었다. 그는 소아시아에 있는 많은 교회를 돌보았다. 근심하는 영혼들에게는 조언을 해주었고, 새로운 신자들에게는 통찰력을 직접 나눠 주었다. 그러나 그는 그들의 믿음을 헌금 모금이나 부흥 운동과 구도자 예배로 붙잡아 놓을 수 없음을 잘 알고 있었다. 요한은 다른 현실을 보았다. 그는 성령의 강력한 역사를 보았다. 그는 죽임당한 어린양이 보좌에 앉아 계신 최후 승리를 보았다. 모든 억압적 통치와 유혹적 권력을 영원히 극복하신 예수 그리스도를 보았다. 그는 완전히 변화된 하늘, 새로워진 땅을 보았다.

그가 들었던 그 심장소리의 주인으로 인해 이제 모든 것이 달라졌다.

그렇다. 요한의 눈은 감겨 있었다. 그러나 그는 졸고 있지 않았다. 그리스도를 위한 죄수의 신분으로, 바람이 휘몰아치는 바위에 앉아 있던 요한은 가혹한 억압이나 끔찍한 좌절에 직면한 채 일하고 있는 신자들에게 용기를 줄 수 있는 일이 하나 있음을 깨달았다. 요한은 이제 미래의 신자들에게 새로운 삶의 길을, 곧 천국의 사고방식을 택하는 방법을 알려 줄 길을 찾을 것이다.

기독교 신앙에 노골적으로 적대적이고 비우호적인 문화에서, 요한은 성실하게 일할 수 있는 유일한 길이 천국을 발견하는 것임을 확신했다. 그리고 가장 중요한 우주적 사실은 예수님이 십자가를 통해 이미 사탄과 그 세력들을 물리치셨다는 것이다. 완전한 인간이신 예수 그리스도가 보좌에 앉아 계신 만왕의 왕이요 만주의 주라는 것이다.

요한은 이 천국 환상과 그리스도가 승리하신 세상에 대한 환상이 일터에서 타협적인 삶을 사는 지친 그리스도인들의 상상력을 깨운다는 것을 알고 있었다. 또한 이 세상에서 우리가 하는 일은 육체적인 것이든 정신적인 것이든 영적인 것이든, 그것을 부활하신 그리스도를 위해서 한다면 영원히 지속될 것을 알고 있었다. 예수님은 요한에게 직접 이렇게 말씀하셨다. "내가 만물을 새롭게 하리라"(계 21:5).

특히 요한은 우리가 기대할 수 있는 기쁨이 부활하신 예수님을 대면하여 보는 것, 곧 하나님이 우리를 아시듯이 우리도 하나님을 아는 것임을 알고 있었다. 그러한 천국의 지식이 요한을 변화시켰다. 요한은 바로 이 지식이 당신과 나를 바꿀 것임을 직관적으로 알고 있었다.

실천 과제

당신의 일은 새 하늘과 새 땅에까지 어떻게든 이어질 것이다. 이 사실이 일에 대한 당신의 접근 방식과 태도에 어떤 영향을 줄 수 있는지 적어 보라.

에필로그

마지막 대화

모터보트 두 대가 수면을 스치듯 달린다. 한 대는 폴이 운전하고 있다. 이것이 우리를 다시 문명의 삶 가운데로 데려갈 것이다.

3일간 우리는 모루같이 생긴 룩손 섬의 오두막에서 지냈다. 수돗물도 없고, 전기도 없고, 인터넷 접속도 안 되는 곳이었다. 이 책을 쓰는 데 사용한 노트북의 전원은 태양열 발전으로 얻었다. 식수는 우물을 길어 해결했다. 추울 때는 목재용 난로를 땠다. 해가 지면 무거운 침묵이 밤을 지배했다. 마치 침묵의 담요가 천상에서 내려와 광활한 캐나다만 제도에 있는 이 작은 오두막을 덮어 버리는 듯했다.

언뜻 보면 룩손 섬은 일의 영성에 관한 책을 마무리하러 갈 만한 곳이 아니었다. 일에 관한 책은 왁자지껄한 도시에서 써야 할 것 같다. 아마도 우리가 살고 있는 밴쿠버나 쿠알라룸푸르 같은 곳 말이다. 그런데 우리는 각자의 아내와 함께 여기, 지구상에서 가장 고요한 곳인 여기서 이 책의 최종 원고를 편집하고 있다.

사람들은 룩손 섬에 돈을 벌려고 가지 않는다. 여기에는 비즈니스가 없다. 아이스크림 가게도, 핫도그 가게도, 술집도, 식당도 없다. 사람들은 긴장을 풀고 세상에서 벗어나기 위해 룩손 섬에 간다. 사람들은 여기 와서 책을 읽는다. 그들은 사람들로부터 벗어나 이곳에 온다. 꽤 오래전에 히피 한 사람이 여기 와서 살았다고 한다. 그는 오두막 뒤에 작은 밭을 일구었다. 닭을 키웠고, 척박한 땅에 콩과 토마토와 호박을 심었다. 그는 또 머리카락을 길게 길렀다. 그러나 몇 해 후 그가 죽자, 그가 손으로 한 모든 일은 흔적도 없이 사라져 버렸다.

하지만 잘 살펴보면, 룩손 섬에도 일의 세계가 손에 잡힐 듯 가까이 있다. 언제 어디서나 사람들은 열심히 일하고 있다. 조용한 토요일 오후에 몇 분 동안만이라도 바위투성이 해변을 걸어 본다면 알 수 있을 것이다.

햇살이 먹구름을 뚫고 내려와 세상을 비춘다. 가벼운 북서풍이 파도를 일으키고, 잔물결이 만으로 밀려들면서 바닷물을 조수웅덩이로 밀어 넣는다. 바위에 착 달라붙어 있던 해조류는 갑자기 살아난 듯 소용돌이에 맞춰 녹색 팔들을 흔들어 댄다. 자줏빛 불가사리는 굴을 좇아 암초 위를 기어간다. 작은 물고기는 구석과 틈새를 들락거리며 먹잇감을 찾고 있다. 소라게는 마치 임시 일자리를 찾고 있는 배낭족처럼 집을 지고 다닌다. 사람들의 발밑에 있는 이 얕은 땅에서 수많은 바다 생물들이 열심히 일하고 있다. 사냥하고, 숨고, 땅을 파고, 바닥을 기고, 파헤치고, 먹이를 먹고 있다. 이런 활동들이 이 섬 곳곳에서, 육지에서, 바다에서, 그리고 하늘에서 반복되고 있다. 하늘에서는 갈매기들이 빙글빙글 돌고 있고, 독수리들이 날고 있다. 창조 세계 곳곳에서 우리는 일하시는 하나님을 찾아볼 수 있다.

두 눈을 크게 떠라. 하나님이 움직이고 계신다.

하나님은 룩손 섬 조용한 해변에서만 움직이고 계신 것이 아니다. 고층

빌딩에서, 공장 생산 라인에서, 목재소에서, 교실에서, 또는 주방에서 훨씬 더 많이 움직이고 계실 것이다. 하나님은 사람들이 일하고 있는 곳이라면 어디에서든 일하신다. 하나님은 우리 모두를 통해 일하시기 때문이다. 우리는 또한 평생 일을 하면서 살아간다. 일을 통해 우리는 하나님께 나아가고 있다.

　　이 책을 함께 집필하고 편집하면서, 우리는 하나님이 우리 삶 가운데 일하시는 것을 보았다. 우리는 당신도 당신 삶에서 하나님이 일하시는 것을 발견하는 동일한 기쁨을 누렸으면 좋겠다. 우리가 서로 대화를 나누며 많은 것을 깨달았듯이, 당신 역시 일터에서의 영적 성장에 관해 대화를 시작할 친구를 찾게 되길 바란다. 그런 친구를 찾을 때까지, 당신을 우리 대화 가운데 초대하고자 한다.

폴　　일터에서의 영적 성장에 관한 우리의 대화가 거의 끝나 갑니다. 당신과 나눈 대화를 통해, 저는 아파트에서 식물에 물을 주는 것조차도 하나님을 위해, 그리고 하나님과 함께 일하는 완전한 경험이 될 수 있음을 배웠습니다. 당신은 무엇을 배웠나요?

앨빈　　저는 일터가 하나님을 사랑하고 사람을 사랑하는 법을 배우는 운동장임을 깨달았습니다. 운동장에서 저는 곤경에 처할 수도 있고, 저를 못살게 구는 이웃이 생길 수도 있습니다. 하지만 친구들을 사귀고 그들과 함께 놀며 일하는 것을 배울 수 있지요. 이 책에서 우리가 토론한 아이디어들과 지침들을 실천해 볼 수 있는 장소로 일터보다 나은 곳은 없습니다. 저는 고난에 감사하는 법, 사람들을 친절하게 대하는 법, 천국에 마음을 두고 일하는 법 같은 것들을 매일 일하면서 시도할 수 있습니다. 저는 또한 제 한계 안에서 살아가는 것의 중요성도 배웠습니다.

폴　　한계 안에서 살아간다는 것은 어떤 의미인가요?

앨빈　　우리는 스스로를 무한한 잠재력을 갖고 있는 인간으로 보기 쉽습니다. 그러나 여기에는 위험이 숨겨져 있어요. 자칫하면 우리의 어두운 면을 무시할 수 있거든요. 그것은 우리를 진짜 해칠 수 있습니다. 예를 들어 저는 어릴 때부터 사람들이 저의 지능에 감탄하기를 바랐고, 제가 하는 모든 말을 받아들여 주기를 원했습니다. 그래서 저는 저의 가르치는 능력과 말하는 능력을 높이 평가하는 사람들을 즐겁게 하기 위해서라면, 그것이 사랑하는 사람들을 무시하는 것일지라도 무엇이든 하려고 했습니다. 저는 교회와 기독교 단체에서 지도자가 되었는데, 사람들을 섬기고 싶었기 때문이 아니라 사람들이 저에게 감탄하기를 바랐기 때문이었죠. 고대의 영성 교사들은 그런 행동에 '허세'라는 딱지를 붙였습니다. 허세의 문제점은 실제로는 사람들을 교묘하게 이용하려 하고 있으면서도, 마치 하나님께 영광을 돌리고 있는 듯 자신을 용납한다는 것입니다. 자기 힘으로만 일하는 사람은 결국 부풀려진 자의식을 갖게 되지요. 그러나 자신의 한계 안에서 살 때, 하나님이 주시는 새로운 힘을 발견할 수 있습니다.

폴　　이 점에 대해 일터에서 배운 것은 무엇인가요?

앨빈　　지금까지 일을 하면서 저는 새로운 도전들에 부닥쳤습니다. 학습 과정이긴 했지만 저는 종종 무시당했고, 스스로를 무능하고 멍청하다고 여겼지요. 그러나 또 한편으로는 자신의 한계 안에서 산다는 것의 구속적 측면을 알게 되었습니다. 제 한계는 허세를 부리지 못하도록 저를 지켜 주었어요. 어떻게든 일을 해내는 데 집중하다 보니, 누군게에게 감명을 주는 것은 생각지도 못하고 있습니다. 더 중요하게는, 저의 약점 안에서 하나님이 저를 돕고 계심을 깨닫습니다. 그로 인해 그 약점은 기쁨과 감사로 바뀌게 되었죠.

폴   달리 말하면, 일터에서 겪는 내적 갈등은 하나님의 축복을 향한 잠재적인 통로군요.

앨빈   맞습니다. 우리는 모두 일을 하면서 아주 힘든 영적 싸움에 직면합니다. 따라서 그 싸움들의 정체를 잘 파악하여 그것들을 하나님 앞에 내려놓아야 하지요. 그러면 우리는 성령이 새로운 방식으로 일할 수 있도록 힘을 주심을 알게 될 것입니다. 부지불식간에 우리는 점점 더 예수님을 닮아 갑니다. 하나님은 영혼을 갉아먹는 내적 갈등을 통해서도 아름다운 것들을 만드십니다.

폴   정말 그렇습니다. 저에게 일은 저 자신을 알아가는 경기장이 되었습니다. 저는 맹목적인 추구 성향과 싸우고 있는 자신을 발견했지요. 그러나 하나님은 더 생산적인 사람이 되고 싶어 하는 이 욕구를 치유해 주셨습니다.

앨빈   당신과 함께 일하게 된 것에 저는 한없이 감사하고 있습니다. 당신은 늘 함께 커피를 마시면서 저로 하여금 개인적인 문제들을 돌아보게 해주었지만, 당신이 맡은 일도 소홀하지 않고 잘 해냈어요. 일터 영성에 대한 깊은 이해가 일을 더욱 효율적으로 할 수 있게 해준 것인가요?

폴   아마도 그런 것 같습니다. 하지만 그것이 주목적은 아니에요. 영성은 지친 사람들을 회복시키기 위한 기술이 아니기 때문이죠. 또 일을 잘 처리하기 위한 3단계 기독교 프로그램도 아니고요. 기독교적 영성은 훨씬 더 전복적입니다. 영성은 우리를 내면에서부터 변화시키고자 하는 성령의 사역입니다. 내면이 변화되면 우리가 하는 모든 것이, 그리고 그 일을 하는 동기가 달라지지요.

앨빈   영적 성장의 지표가 일의 탁월성이라는 말씀이신가요?

폴   어떤 점에서는 그렇습니다. 우리는 탁월함을 궁극적인 목표로 추구하지 않지만, 하나님을 섬기고 있고 그분의 일을 하고 있기에 할 수 있는 한 최선을 다해야 합니다. 우리는 우리가 하는 일이 '하나님을 위한 아름다운 무엇'이 되기를 원합니다. 하지만 때때로 시간과 자원의 한계들 때문에 맡은 일을 완벽하게 해내지 못하기도 하지요.

앨빈　핵심은 우리가 일을 할 때 하나님과 동행하고 있다는 것입니다. 정말 하나님을 사랑한다면, 일을 하면서 하나님께 그 사랑을 고백하지 않는 것이 불가능하다고, 비진스키 추기경은 말했지요.

폴　맞아요. 일터에서 하나님을 경험할 때, 우리는 성령의 인도하심에 더욱 민감해질 것입니다.

앨빈　그 말은 하나님이 일과 삶을 완벽히 균형잡을 수 있도록 우리를 도와주신다는 뜻인가요?

폴　저를 놀리려는 말씀이시죠? 당신은 이미 제가 일과 삶 사이의 균형을 믿지 않는다는 것을 알고 있습니다. 그것은 일터에서 영성을 성장시키기 위한 핵심 질문이 아닙니다. 핵심 질문은 바로 이것입니다. 어떻게 하면 일할 때 예수 그리스도와 동행할 수 있을까? 하나님은 어떻게 우리가 일하는 동안 우리와 계속 동행하실까? 삶 속에서 이 두 가지 질문을 던질 때, 우리는 배워야 할 새로운 것들을 늘 발견하게 될 것입니다.

앨빈　맞습니다. 우리가 하나님과 함께 일하고 있으며 하나님이 우리와 함께 일하고 계심을 알고 있을 때, 일-삶 균형의 문제는 뒤로 사라지지요.

폴　그것이 바로 우리가 '일'과 '삶'을 구분하지 않은 까닭이지요. 하나님은 오히려 모든 일의 중심에 계시며, 그렇기 때문에 삶의 모든 것이 거룩합니다.

앨빈　하나님이 모든 것의 중심에 계신다는 것을 알게 될 때, 진정한 균형이 존재하게 될 것입니다.

주

머리글

1. Eric Steven Dale, *Bringing Heaven Down to Earth: A Practical Spirituality of Work*(New York: Peter Lang, 1991), p. 8에서 인용.
2. Gregory F. A. Pierce, *Spirituality at Work: 10 Ways to Balance Your Life on the Job*(Chicago: Loyola Press, 2001), p. 18.

1부 영혼을 갉아먹는 일터의 아홉 가지 죄악

1. William H. Willimon, *Sinning Like a Christian: A New Look at the Seven Deadly Sins*(Nashville: Abingdon Press, 2005), p. 21에서 인용.

1. 자만: 하나님과 동등해지려는 욕심

1. Bernard of Clairvaux, *Selected Works*, trans. G. R. Evans(New York: Paulist Press, 1987), p. 100.
2. 앞의 책, p. 103.
3. Michael Casey, *A Guide to Living in the Truth: Saint Benedict's Teaching on Humility*(Liguori, Mo.: Liguori, 2001), p. 174.

2. 탐욕: 더 많이 가지려는 욕구

1. Donald J. Trump, "The Fourth Deadly Workplace Sin: Greed", The Trump Blog, October 8, 2007.
2. Paul Jordan-Smith, "Seven(and more) Deadly Sins", *Parabola* 10(Winter 1985), p. 41.
3. Alexander Schmemann, *For the Life of the World: Sacraments and Orthodoxy* (Crestwood, N.Y.: St. Vladimir's Seminary Press, 1973), pp. 11, 18.
4. Richard Polly and R. Paul Stevens, "Advertising", in Robert J. Banks and R. Paul Stevens, eds., *The Complete Book of Everyday Christianity*(Downers Grove, Ill.: InterVarsity Press, 1997), p. 26.
5. John Wesley, "The Use of Money", in Max L. Stackhouse et al., *On Moral Business: Classical and Contemporary Resources for Ethics in Economic Life*(Grand Rapids: Eerdmans, 1995). pp. 194-197.
6. Dennis W. Bakke, *Joy at Work: A Revolutionary Approach To Fun on the Job*(Toronto: Viking, 2005).

3. 음욕: 음란한 일터

1. Karl A. Olsson, *Seven Sins and Seven Virtues*(New York: Harper & Brothers, 1962), p. 54.
2. Richard Rohr, "An Appetite for Wholeness", *Sojourners*(November 1982), p. 30.
3. John Piper, "Battling the Unbelief of Lust", desiringGod, ⟨http://www.desiringgod.org/resource-library/sermons/battling-the-unbelief-of-bitterness⟩.
4. Stanford M. Lyman, *The Seven Deadly Sins and Evil*(Dix Hills, N.Y.: General Hall, Inc., 1989), p. 55에서 인용. 저자 강조.
5. Wendy Tuohy, "Love in a corporate climate," The Age, ⟨http://www.theage.com.au/articles/2003/07/25/1059084206429.html⟩.
6. Matthew the Poor, *Orthodox Prayer Life: The Interior Way*(Crestwood, N.Y.: St. Vladimir's Seminary Press, 2003), p. 118.

7. Willimon, *Sinning Like a Christian*, p. 145.

4. 탐식: 과도한 음식 섭취

1. Leon R. Kass, *The Hungry Soul: Eating and the Perfecting of Our Nature* (Chicago: University of Chicago Press, 1994), pp. 89-90.
2. Gregory I. *Moralia*, XXX, 18, Gerard Reed, *C. S. Lewis Explores Vice and Virtue*(Kansas City: Beacon Hill Press, 2001), pp. 62-63에서 인용. 「C. S. 루이스를 통해 본 일곱 가지 치명적인 죄악과 도덕」(도서출판누가).
3. C. S. Lewis, *The Screwtape Letter*, ch. 24, Willimon, Sinning Like a Christian, p.122에서 인용. 「스크루테이프의 편지」(홍성사).
4. Olsson, *Seven Sins and Seven Virtues*, p. 50에서 인용.

5. 분노: 통제하려는 욕망

1. Stanley Bing, *Sun Tzu Was a Sissy: Conquer Your Enemies, Promote Your Friends, and the Real Art of Wage War*(New York: HarperCollins, 2004), p. 89.
2. Tomas Spidlik, *The Spirituality of the Christian East: A Systematic Handbook*(Kalamazoo, Mich.: Cistercian Publications, 1986), p. 250.
3. John Cassian, *The Conferences*, trans. Boniface Ramsey(New York: Paulist Press, 1997), p. 566.
4. 앞의 책, p. 569.
5. 앞의 책.
6. 앞의 책, p. 570.
7. 앞의 책, p. 574.

6. 나태: 병적인 분주함

1. Donald J. Trump, "The Fifth Deadly Workplace Sin: Sloth", The Trump Blog, October 10, 2007.
2. Derek Kidner, *The Proverbs: An Introduction and Commentary*(Downers Grove, Ill.: InterVarsity Press, 1975), pp. 42-43.

3. Sylvia Ann Hewlett and Carolyn Buck Luce, "Extreme Jobs: The Dangerous Allure of the 70-Hour Workweek", *Harvard Business Review*(December 2006), pp. 49-59.
4. Frederick Buechner, *Wishful Thinking: A Seeker's ABC*, rev. and expanded. (San Francisco: HarperSanFrancisco, 1993), pp. 109-110. 「통쾌한 희망사전」 (복있는사람).
5. Francis de Sales, *Introduction to the Devout Life*, trans. and ed. John K. Ryan (New York: Image Books, 2003), p. 202. 「신심 생활 입문」(가톨릭출판사).
6. 앞의 책, p. 201.
7. R. Paul Stevens, "Drivenness", in Banks and Stenens, eds., *The Complete Book of Everyday Christianity*, pp. 312-318.

7. 질투: 남이 잘되는 것을 괴로워 함

1. Buechner, *Wishful Thinking*, p. 24. 「통쾌한 희망사전」(복있는 사람).
2. Elaine Jarvik, "Envy-Sin that's 'no fun at all' has elements of pride, greed, anger", *Deseret News*, 〈http://www.deseretnews.com/article/1,5143, 635197503,00.html〉.
3. 위의 글에서 인용.

8. 동요: 달아나고 싶은 충동

1. 에바그리우스의 목록에는 7대죄가 아니라 8대죄가 있다.
2. William Harmless, *Desert Christians: An Introduction to the Literature of Early Monasticism*(Oxford: Oxford University Press, 2004), p. 325.
3. Augustine of Hippo, *Selected Writings*, trans. Mary T. Clark(Mahwah, N.J.: Paulist Press, 1984), p. 9.
4. Anthony C. Meisel and M. L. del Mastro, trans., *The Rule of Saint Benedict* (New York: Doubleday, 1975), p. 47.
5. Esther de Waal, *A Life-Giving Way: A Commentary on the Rule of St. Benedict* (Collegeville, Minn.: Liturgical Press, 1995), p. 189.

6. de Sales, *Introduction to the Devout Life*, p. 205.

9. 권태: 일터에서 점점 죽어감

1. O. E. Klapp, *Overload and Boredom*(Westport, Conn.: Greenwood, 1986), p. 20.
2. S. D. Healy, *Boredom, Self, and Culture*(Cranbury, N.J.: Associate University Presses, 1984), p. 17.
3. Blaise Pascal, *Pensées*, trans. A. J. Krailsheimer(London: Penguin Classics, 1995), p. 40.「팡세」.
4. R. Paul Stevens, "Boredom", in Banks and Stevens, eds., *The Complete Book of Everyday Christianity*, p. 83.
5. Pascal, *Pensées*, p. 119.

2부 일터 영성을 되살리는 아홉 가지 자원

1. Evelyn Underhill, *Fruits of the Spirit*(Wilton, Conn.: Morehouse-Barlow Co., 1981), p. 13.「성령의 열매」(누멘).
2. 앞의 책, p. 50.

10. 기쁨: 일터에서 만족 그 이상

1. William Barclay, *Flesh and Spirit: An Examination of Galatians 5:19-23*(London: SCM, 1962), p. 77.
2. Bakke, *Joy at Work*, p. 44.「일의 즐거움」(상상북스).
3. Michael Ruhlman, *Wooden Boats: In Pursuit of the Perfect Craft at an American Boatyard*(New York: Penguin Books, 2001), p. 237.

11. 양선: 의식하지 않는 베풂

1. 살후 2:17; 엡 5:9; 롬 15:14.

2. Barclay, *Flesh and Spirit*, p. 105.
3. John M. Drescher, *Doing What Comes Spiritually*(Scottdale, Pa.: Herald Press, 1993), p. 231.
4. Thomas Aquinas, "Treatise on Faith, Hope, and Chariy", *Summa Theologia*, Part II of second part, Q. 32, Art. 2.
5. William E. Diehl and Judith R. Diehl, *It Ain't over Till It's over: A User's Guide to the Second Half of Life*(Minneapolis: Augsburg, 2003), pp. 129-130.

12. 사랑: 주고받을 수 있는 가장 위대한 것

1. R. Paul Stevens, *The Other Six Days: Vocation, Work, and Ministry in Biblical Perspective*(Grand Rapids: Eerdmans, 2000), p. 103.
2. Gerald Bray, ed., *James, 1-2 Peter, 1-3 John, Jude*, Ancient Christian Commentary on Scripture, New Testament, vol. 11(Downers Grove, Ill.: InterVarsity Press, 2000), pp. 194-195. 「교부들의 성경 주해」(분도출판사 역간 예정).
3. Underhill, *Fruits of the Spirit*, p. 14.
4. 앞의 책, pp. 14-15.
5. 헤세드(*hesed*)의 포괄적인 용법에 대해서는 K. Lawson Younger Jr., *Judges, Ruth*, The NIV Application Commentary(Grand Rapids: Zondervan, 2002), p. 394 참고. 「NIV 적용주석」(솔로몬 역간 예정).
6. Dallas Willard, *Renovation of the Heart*(Colorado Springs: Navpress, 2002), p. 132. 「마음의 혁신」(복있는사람).

13. 절제: 일과 삶의 충돌 해결하기

1. Edward M. Hallowell, "Overloaded Circuits: Why Smart People Underperform", *Harvard Business Review on Bringing Your Whole Self to Work*(Boston: Harvard Business School Press, 2008), pp. 1-3.
2. "Work-life balance", Wikipedia, 〈http://en.wikipedia.org/wiki/Work-life_balance〉.

3. John Dalla Costa, *Magnificence at Work: Living Faith in Business*(Toronto: Novalis, 2005), p. 67.
4. 앞의 책, p. 34.

14. 온유: 부드러움의 힘

1. 시 18:35, 37:11; 사 40:11; 슥 9:9; 마 5:5, 11:29-30; 12:20; 고전 4:21; 고후 10:1; 갈 5:22-23, 6:1; 엡 4:2; 골 3:12; 살전 2:7; 딤전 3:3, 6:11; 딤후 2:25; 딛 3:2; 히 5:2; 약 3:13, 3:17; 벧전 5:6.
2. Judith C. Lechman, *The Spirituality of Gentleness: Growing Toward Christian Wholeness*(San Francisco: Harper & Row, 1987), p. 146.
3. "Some Sayings of the Desert Fathers", Villanova University, ⟨http://www29.homepage.villanova.edu/christopher.haas/saying%20of%20the%20desert%20fathers.html⟩.
4. Gary L. Thomas, "Choosing gentleness: A gentle spirit gives the world a taste of the presence of Jesus", *Discipleship Journal* 18, no. 6(Nov./Dec. 1998), pp. 43-48.

15. 충실: 일터에서의 신실함

1. M. Mitchell Waldrop, "Dee Hock on Management: Dee Hock's management principles, in his own words", *Fast Company* 5(October 1996), p. 79.
2. Barclay, *Flesh and Spirit*, p. 111.
3. 앞의 책, p. 110-111.
4. Stephen L. Carter, *Integrity*(New York: Basic Books, 1996). David W. Gill, "No Integrity, No Trust; No Trust, No Business", *Ethix: The Bulletin of the Institute for Business, Technology, and Ethics* 14(August 2000), p. 11.
5. Stefan Cardinal Wyszyński, *All You Who Labor: Work and the Sanctification of Daily Life*(Manchester, N.H.: Sophia Institute Press, 1995), p. 113.

16. 친절: 다른 사람의 마음을 편하게 해줌

1. Jean Vanier, *Community and Growth*, trans. Jean Vanier(New York: Paulist Press, 1989), p. 267.「공동체와 성장」(성바오로출판사).
2. Barclay, *Flesh and Spirit*, p. 97.
3. 앞의 책, p. 101.
4. Edgar H. Schein, *Organizational Culture and Leadership: A Dynamic View*(San Francisco: Jossey-Bass, 1991), p. 6.
5. 앞의 책, pp. 191, 241.

17. 인내: 지금 있는 곳에서 소망함 갖기

1. Underhill, *The Fruits of the Spirit*, p. 25.
2. Wyszyński, *All You Who Labor*, pp. 123, 141.
3. William Perkins, *The Works of that Famous and Worthy Minister of Christ in the Universities of Cambridge*(London: John Legatt, 1626).
4. 앞의 책, p. 758.
5. Benedicta Ward, SLG, trans., *The Sayings of the Desert Fathers: The Alphabetical Collection*(London: Cistercian Publications, 1985), p. 2.

18. 평화: 완전과 조화

1. Eugene H. Peterson and Anneke Kaai, *In a Word*(Brewster, Mass.: Paraclete Press, 2003), p. 50.
2. Buechner, *Wishful Thinking*, p. 83.
3. Barclay, *Flesh and Spirit*, p. 87.
4. Manlio Simetti ed., *Matthew 1-13*, Ancient Christian Commentary on Scripture, New Testament vol. 1a(Downers Grove, Ill.: InterVasity Press, 2001), p. 204.「교부들의 성경 주해(신약성경 I):마태오 복음서 1-13장」(분도출판사).
5. Gerald Bray ed., *Romans*, Ancient Christian Commentary on Scripture, New Testament vol. 6(Downers Grove, Ill.: InterVasity Press, 1998), p. 126.

3부 일터 영성의 아홉 가지 열매

19. 쉼 없는 기도

1. Wyszyński, *All You Who Labor*, p. 73.
2. Sadhu Sundar Singh, *With and Without Christ*(London: Cassell and Co., 1929), p. 74.
3. Brother Lawrence, *The Practice of the Presence of God*(Grand Rapids: Spire, 1967), p. 19에서 발췌.「하나님의 임재연습」(좋은씨앗).
4. 앞의 책.
5. 앞의 책, p. 22에서 발췌.

20. 끊임없는 감사

1. Schmemann, *For the Life of the World*, pp. 11, 18.
2. Donald P. McNeill, Douglas A. Morrison, and Henri J. M. Nouwen, *Compassion: A Reflection on the Christian Life*(Garden City, N.Y.: Doubleday, 1982), p. 126.

21. 아름다운 순전함

1. Søren Kierkegaard, *Purity of Heart Is to Will One Thing*(New York: Harper & Brothers, 1948), p. 31.
2. Mother Teresa, *Total Surrender*(Ann Arbor, Mich.: Servant Publications, 1985), pp. 26, 38.
3. John Cassian, *Conferences*, trans. Colm Luibheid(New York: Paulist Press, 1985), p. 129.

22. 즐거운 내려놓음

1. Jacob Needleman, *Money and the Meaning of Life*(New York, Doubleday, 1991), p. 112.「돈과 인생의 의미」(고려원).
2. Julie and Robert Banks, "Simple Lifestyle", in Banks and Stevens eds., *The Complete Book of Everyday Christianity*, pp. 896-900.

3. John Wesley, "The Use of Money", in Stackhouse et al., eds., *On Moral Business*, pp. 194-197.
4. William E. Diehl, *Thank God It's Monday*(Philadelpia: Fortress Press, 1982), p. 133.「월요일을 기다리는 사람들」(IVP).

23. 내어 맡긴 만족

1. Jean-Pierre de Caussade, *The Sacrament of the Present Moment*, trans. Kitty Muggeridge(Glasgow: Silliam Collins & Co., 1987), p. 117.
2. Mother Teresa, *No Greater Love*(Maryknoll, N.Y.: New World Library, 1997), pp. 148-149.
3. de Caussade, *The Sacrament of the Present Moment*, p. 84.
4. François Fénelon, *The Royal Way of the Cross*, ed. Hal Helms(Brewster, Mass.: Paraclete, 1982), p. 31.「십자가의 왕도」(순전한 나드).
5. 앞의 책, p. 27.

24. 생명을 주는 리듬

1. M. Basil Pennington, *A School of Love: The Cistercian Way to Holiness*(Harrisburg, Pa.: Morehouse, 2000), p. 9에서 발췌.
2. Tim Muldoon, *The Ignatian Workout: Daily Spiritual Exercises for a Healthy Faith*(Chicago: Loyola Press, 2004), pp. 42-43.
3. Eugene H. Peterson, "The Pastor's Sabbath", *Leadership*(Spring 1985), pp. 55-56.
4. Rod Wilson, "Shabbat and Shalom", *The Regent World* 20, no. 2(Winter 2008), p. 1.

25. 이웃 사랑

1. Henri J. M. Nouwen, *In the Name of Jesus: Reflections on Christian Leadership* (New York: Crossroad, 1993), pp. 59-60.「예수님의 이름으로」(두란노).
2. Peter Block, *Stewardship: Choosing Service Over Self-Interest*(San Francisco:

Berrett-Koehler, 1993), p. 22.
3. 앞의 책에서 인용. 또 Chris Lowney, *Heroic Leadership: Best Practices from a 450-Year-Old Company That Changed the World*(Chicago: Loyola Press, 2003), p. 169 참고.
4. Donald E. Flow, "Profit", in Banks and Stevens, eds., *The Complete Book of Everyday Christianity*, pp. 812-813.
3. Benedicta Ward, SLG, trans., *The Sayings of the Desert Fathers*, p. xxii. 「사막 교부들의 금언집」(두란노아카데미).

26. 소명에 대한 확신

1. Teresa of Avila, *Interior Castle*, trans. Allisn Peers(New York: Doubleday, 1989), p. 76. 「내면의 성」(요단). 2. Buechner, Wishful Thinking p. 398.
3. Calvin Seerveld, *Christian Workers, Unite!*(Toronto, Christian Labour Associations of Canada, 1964), pp. 7-8.

27. 마음을 천국에 둠

1. John Baillie, *A Dairy of Private Prayer*(London: Oxford University Press, 1958), p. 129.
2. R. Paul Stevens and Michael Green, *Living the Story: Biblical Spirituality for Everyday Christians*(Grand Rapids: Eerdmans, 2003), p. 176.
3. Yves Congar, *Lay People in the Church: A Study for a Theology of the Laity*, trans. D. Attwater(Westminster, Md.: Newman Press, 1957), p. 92.
4. Elizabeth Barrett Browning, Elizabeth A. Dreyer, *Earth Crammed With Heaven: A Spirituality of Everyday Life*(New York: Paulist Press, 1994), p. 1 에서 인용.
5. N. T. Wright, *The Challenge of Jesus: Rediscovering Who Jesus Was and Is*(Downer Grove, Ill.: InterVarsity Press, 1999), pp. 180-181. 「JESUS 코드: 역사적 예수의 도전」(성서유니온).

참고 문헌

Alford, Helen J. and Michael J. Naughton. *Managing as If Faith Mattered: Christian Social Principles in the Modern Organization.* Notre Dame, Ind.: Notre Dame University Press, 2001.

Allegretti, Joseph G. *Loving Your Job, Finding Your Passion: Work and the Spiritual Life.* New York: Paulist Press, 2000.

Anderson, Ray S. *The Shape of Practical Theology: Empowering Ministry with Theological Praxis.* Downers Grove, Ill.: InterVarsity Press, 2001.

Aquinas, Thomas. "Treatise on Faith, Hope, and Charity." *Summa Theologia*, Part II of second part, Q. 32, Art. 2.

Augustine of Hippo. *Selected Writings.* Translated by Mary T. Clark. Mahwah, N.J.: Paulist Press, 1984.

Baillie, John. *A Dairy of Prayer.* London: Oxford University Press, 1958.

Bakke, Dennis W. *Joy at Work: A Revolutionary Approach To Fun on the Job.* Toronto: Viking, 2005. 「일의 즐거움」(상상북스)

Banks, Julie, and Robert Banks. "Simpler Lifestyle." In *The Complete Book of Everyday Christianity*, edited by Robert J. Banks and R. Paul Stevens, pp.896-900. Downers Grove, Ill.: InterVarsity Press, 1997.

Banks, Robert. *The Tyranny of Time: When 24 Hours Is Not Enough.* Downers

Grove, Ill.: InterVarsity Press, 1983. 「시간의 횡포」(요단)

Banks, Robert, and R. Paul Stevens, eds. *The Complete Book of Everyday Christianity*. Downers Grove, Ill.: InterVarsity Press, 1997.

Barclay, William. *Flesh and Spirit: An Examination of Galatians 5:19-23*. London: SCM, 1962.

Bernard of Clairvaux. *Selected Works*. Translated by G. R. Evans. New York: Paulist Press, 1987.

Biberian, Jerry, and Michael D. Whitty. *At Work: Spirituality Matters*. Scranton, Pa.: University of Scranton Press, 2007.

Bing, Stanley. *Sun Tzu Was a Sissy: Conquer Your Enemies, Promote Your Friends, and Wage the Real Art of War*. New York: HarperCollins, 2004.

Block, Peter. *Stewardship: Choosing Service Over Self Interest*. San Francisco: Berrett-Koehler, 1993.

Braganza, Abbot John, OSB. "The Monastery and the Seminary." *Pax Regis: Seminary of Christ the King* 1931-2006 66, no. 1(December 2006), pp. 1-6.

_____. ed. *James, 1-2 Peter, 1-3 John, Jude*. Ancient Christian Commentary on Scripture, New Testament, vol. 11. Downers Grove, Ill.: InterVarsity Press, 2000.

Bray Gerald ed. *Romans*. Ancient Christian Commentary on Scripture, New Testament vol. 6. Downers Grove, Ill.: InterVasity Press, 1998.

Buechner, Frederick. *Wishful Thinking: A Seeker's ABC*. Rev. and expanded ed. San Francisco: HarperSanFrancisco, 1993. 「통쾌한 희망사전」(복있는사람).

Calvin, John. *Institutes of the Christian Religion*. Philadelphia: Westminster Press, 1960. 「기독교강요」.

Carretto, Carlo. *Letters from the Desert*. Translated by Rose M. Hancock. Maryknoll, N.Y.: Orbis Books, 2002.

Carter, Stephen L. *Integrity*. New York: Basic Books, 1996. David W. Gill. "No Integrity, No Trust; No Trust, No Business." *Ethix: The Bulletin of the Institute for Business, Technology, and Ethics* 14(August 2000), p. 11에서 인용.

Casey, Michael. *A Guide to Living in the Truth: Saint Benedict's Teaching on Humility*. Liguori, Mo.: Liguoro, 2001.

Cassian, John. *The Conferences*. Translated by Boniface Ramsey. New York: Paulist Press, 1997.

_____. *Conferences*. Translated by Colm Luibheid. New York: Paulist Press, 1985.

Chadwick, Owen. *John Cassian*. London: Cambridge University Press, 1968.

Congar, Yves. *Lay People in the Church: A Study for a Theology of the Laity*. Translated by D. Attwater. Westminster, Md.: Newman Press, 1957.

Conger, J., and others. *Spirit at Work: Discovering the Spirituality in Leadership*. San Francisco: Jossey-Bass, 1994.

Coombs, Ann. *The Living Workplace : Soul, Spirit and Success in the 21st Century*. Toronto: HarperCollins, 2001.

Dale, Eric Steven. *Bringing Heaven Down to Earth: A Practical Spirituality of Work*. New York: Peter Lang, 1991.

Dalla Costa, John. *Magnificence at Work: Living Faith in Business*. Toronto: Novalis, 2005.

de Caussade, Jean-Pierre. *The Sacrament of the Present Moment*. Translated by Kitty Muggeridge. Glasgow: Silliam Collins and Co., 1987.

Delberg. Andre L. "Bridging the Gap Between Spirituality and Religion." In *Proceedings from the Santa Barbara Conference*, March 9-11, 2001.

de Sales, Francis. *Introduction to the Devout Life*. Translated and edited by John K. Ryan. New York: Image Books, 2003.

de Waal, Esther. *A Life-Giving Way: A Commentary on the Rule of St. Benedict*. Collegeville, Minn.: Liturgical Press, 1995.

Diehl, William E. *Thank God It's Monday*. Philadelpia: Fortress Press, 1982.

_____. *The Monday Connection: A Spirituality of Competence, Affirmation, and Support in the Workplace*. San Francisco: HarperSanFrancisco, 1991.

Diehl, William E., and Judith R. Diehl. *It Ain't over Till It's Over: A User's Guide* to the Second Half of Life. Minneapolis: Augsburg, 2003.

Drescher, John M. Doing What Comes Spiritually. Scottsale, Pa.: Herald Press, 1993.

Dreyer, Elizabeth A. Earth Crammed With Heaven: A Spirituality of Everyday Life. New York: Paulist Press, 1994.

Droel, William L. Business People: The Spirituality of Work. Chicago: ACTA Publications, 1990.

Fairlie, Henry. The Seven Deadly Sins Today. Notre Dame, Ind.: University of Notre Dame Press, 1979.

Fenelon, François. The Royal Way of the Cross. Edited by Hal Helms. Brewster, Mass.: Paraclete, 1982.

Flow, Donald E. "Profit." In The Complete Book of Everyday Christianity, edited by Robert Banks and R. Paul Stevens, pp. 809-813. Downers Grove, Ill.: InterVasity Press, 1997.

Foster, Richard. Money, Sex, and Power: The Challenge of the Disciplined Life. San Francisco: Harper & Row, 1985.「돈 섹스 권력」(두란노).

Griffin, Emilie. The Reflective Executive: A Spirituality of Business and Enterprise. New York: Crossroad, 1993.

Hallowell, Edward M. "Overloaded Circuits: Why Smart People Underperform." In Harvard Business Review on Bringing Your Whole Self to Work, pp. 1-21. Boston: Harvard Business School Press, 2008.

Harmless, William. Desert Christians: An Introduction to the Literature of Early Monasticism. Oxford: Oxford University Press, 2004.

Haughey, John C. Converting 9-5: A Spirituality of Daily Work. New York: Crossroad, 1993.

Healy, S. D. Boredom, Self, and Culture. Cranbury, N.J.: Associate University Press, 1984.

Heschel, Abraham. The Sabbath: Its Meaning for Modern Man. New York: Farrar, Straus and Giroux, 1951.「안식」(복있는사람).

Hewlett, Sylvia Ann, and Carolyn Buck Luce. "Extreme Jobs: The Dangerous Allure of the 70-Hour Workweek." *Havrvard Business Review*(December 2006), pp. 49-59.

Hilton, Walter. *Toward a Perfect Love*. Translated by David Jeffrey. Portland, Oreg.: Multnomah Press, 1985.

Holland, Joe. *Creative Communion: Toward a Spirituality of Work*. New York: Crossroad, 1989.

Houston, James M. *Joyful Exiles: Life in Christ on the Dangerous Edge of Things*. Downers Grove, Ill.: InterVasity Press, 2006. 「즐거운 망명자」(IVP).

Jarvik, Elaine. "Envy-Sin that's 'no fun at all' has elements of pride, greed, anger." *Deseret News*. 〈http://www.deseretnews.com/article/1,5143, 635197503,00.html〉.

Jordan-Smith, Paul. "Seven (and more) Deadly Sins." *Parabola* 10(Winter 1985), pp. 34-35.

Kass, Leon R. *The Hungry Soul: Eating and the Perfecting of Our Nature*. Chicago: University of Chicago Press, 1994.

Kidner, Derek. *The Proverbs: An Introduction and Commentary*. Chicago: University of Chicago Press, 1975.

_____. *The Message of Ecclesiastes*. Downers Grove, Ill.: InterVasity Press, 1976.「어떻게 지혜서를 읽을 것인가」(IVP).

Kierkegaard, Søren. *Purity of Heart Is to Will One Thing*. New York: Harper & Brothers, 1948.

Klapp, O. E. *Overload and Boredom*. Westport, Conn.: Greenwood, 1986.

Lawrence, Brother. *The Practice of the Presence of God*. Grand Rapids: Spire, 1967.「하나님의 임재연습」(두란노).

Lechman, Judith C. *The Spirituality of Gentleness: Growing Toward Christian Wholeness*. San Francisco: Harper and Row, 1987.

Leech, Kenneth. *True Prayer: An Invitation to Christian Spirituality*. San Francisco: Harper and Row, 1980.

Lewis, C. S. *Mere Christianity*. London: Geoffrey Bles, 1953. 「순전한 기독교」(홍성사).

Lowney, Chris. *Heroic Leadership: Best Practices from a 450-Year-Old Company That Changed the World*. Chcago: Loyola Press, 2003.

Lyman, Stanford M. *The Seven Deadly Sins and Evil*. Dix Hills, N.Y.: General Hall, Inc., 1989.

Marie-Eugene, P. I *Want to See God: A Practical Synthesis of Carmelite Spirituality*. Translated by M. Verda Clare. Notre Dame, Ind.: Christian Classics, 1953.

Matthew the Poor. *Orthodox Prayer Life: The Interior Way*. Crestwood, N.Y.: St. Vladimir's Seminary Press, 2003.

McCracken, Robert J. *What Is Sin? What Is Virtue?* New York: Harper and Row, 1966.

McMinn, Lisa G. *The Contented Soul: The Art of Savoring Life*. Downers Grove, Ill.: InterVasity Press, 2006.

Mcneill, Donald P., Douglas A. Morrison, and Henri J. M. Nouwen. *Compassion: A Reflection on the Christian Life*. Garden City, N.Y.: Doubleday, 1982.

Meilaender, Gilbert C., ed. *Working: Its Meaning and Its Limits*. Notre Dame, Ind.: Notre Dame University Press, 2000.

_____. "Morality." *First Things* 10(February 1991), pp. 14-21.

Meisel, Anthony C., and M. L. del Mastro, trans. *The Rule of St. Benedict*. New York: Doubleday, 1975.

Miller, Arthur. *Why You Can't Be Anything You Want to Be*. Grand Rapids: Zondervan, 1999.

Moltmann, Jürgen. *Theology of Hope: On the Ground and Implications of a Christian Eschatology*. Translated by James W. Leitch. New York: Harper and Row, 1967. 「희망의 신학: 그리스도교적 종말론의 근거와 의미에 관한 연구」(대한기독교서회).

Muldoon, Tim. *The Ignatian Workout: Daily Spiritual Exercises for a Healthy*

Faith. Chicago: Loyola Press, 2004.

Needleman, Jacob. *Money and the Meaning of Life*. New York, Doubleday, 1991.

Newbigin, Lesslie. *Honest Religion for Secular Man*. Philadelphia: Westminster Press, 1966.

_____. *Foolishness to the Greeks: The Gospel and Western Culture*. Grand Rapids: Eerdmans, 1986. 「헬라인에게는 미련한 것이요」(IVP).

Nouwen, Henri J. M. *In the Name of Jesus: Reflections on Christian Leadership*. New York: Crossroad, 1993. 「예수님의 이름으로」(두란노).

Oates, W. E. "On Being a Workaholic." *Pastoral Psychology* 19(October 1968), pp. 16-20.

Olsson, Karl A. *Seven Sins and Seven Virtues*. New York: Harper and Brothers, 1962.

Palmer, Parker. *The Active Life: Wisdom of Work, Creativity and Caring*. San Francisco: HarperSanFrancisco, 1990.

Pascal, Blaise. *Pensées*. Translated by A. J. Krailsheimer. London: Penguin Classics, 1995. 「팡세」

Pennington, M. Basil. *A School of Love: The Cistercian Way to Holiness*. Harrisburg, Pa.: Morehouse, 2000.

Perkins, William. *The Works of that Famous Minister of Christ in the Universities of Cambridge*. London: John Legatt, 1626.

Peterson, Eugene. "The Pastor's Sabbath." *Leadership*(Spring 1985), pp. 52-58.

_____. "Biblical Spirituality." 1991년 밴쿠버 리젠트 칼리지 교수진에게 보낸 원고.

_____, and Anneke Kaai. *In a Word*. Brewster, Mass.: Paraclete, 2003.

Pierce, Gregory F. A. *Spirituality at Work: 10 Ways to Balance Your Life on the Job*. Chicago: Loyola Press, 2001.

Piper, John. "Battling the Unbelief of Lust." desiringGod, ⟨http://www.desiringgod.org/resource-library/sermons/battling-the-unbelief-of-lust⟩.

Polly, Rechard, and R. Paul. Stevens. "Advertising," In *The Complete Book of Everyday Christianity*, edited Robert Banks and R. Paul Stevens, pp. 23-37. Downers Grove, Ill.: InterVarsity Press, 1997.

Reed, Gerard. *C. S. Lewis Explores Vice and Virtue*. Kansas City: Beacon Hill Press, 2001.

Renesch, John, ed. *New Traditions in Business: Spirit and Leadership in the 21st Century*. San Francisco: Berrett-Koehler, 1992.

Rohr, Richard. "An Appetite for Wholeness." *Sojourners*, November 1982, p. 30.

Ruhlman, Michael. *Wooden Boats: In Pursuit of the Perfect Craft at an American Boatyard*. New York: Penguin Books, 2001.

Salkin, Jeffrey. *Being God's Partner: How to Find the Hidden Link Between Spirituality and Your Work*. Woodstock, Vt.: Jewish Lights, 1994.

Schein, Edgar H. *Organizational Culture and Leadership: A Dynamic View*. San Francisco: Jossey-Bass, 1991.

Schmemann, Alexander. *For the Life of the World: Sacraments and Orthodoxy*. Crestwood, N.Y.: St. Vladimir's Seminary Press, 1973.

Seerveld, Calvin. *Christian Workers, Unite!* Toronto: Christian Labour Associations of Canada, 1964.

Silvoso, Ed. *Anointed for Business: How Christians Can Use Their Influence in the Marketplace to Change the World*. Ventura, Calif.: Regal, 2002.

Simetti, Manlio, ed. *Matthew 1-13*. Ancient Christian Commentary on Scripture, New Testament, vol. 1a. Downers Grove, Ill.: InterVasity Press, 2001.

Singh, Sadhu Sundar. *With and Without Christ*. London: Cassell and Co., 1929.

"Some Sayings of the Desert Fathers." Villanova University. ⟨http://www29.homepage.villanova.edu/christopher.haas/saying%20of%20the%20desert%20fathers.html⟩.

Spidlik, Tomas. *Spirituality of the Christian East: A Systematic Handbook*. Kalamazoo, Mich.: Cistercian Publications, 1986.

Stackhouse, Max, Dennis P. McCann, Shirley J. Roels, and Preston N. Williams, eds. *On Moral Business: Classical and Contemporary Resources for Ethics in Economic Life*. Grand Rapids: Eerdmans, 1995.

Stevens, R. Paul. "Boredom." In *The Complete Book of Everyday Christianity*, edited by Robert Banks and R. Paul Stevens, pp. 80-83. Downers Grove, Ill.: InterVasity Press, 1997.

_____. *Doing God's Business: Meaning and Motivation for the Marketplace*. Grand Rapids: Eerdmans, 2006.

_____. "Driveness." In *The Complete Book of Everyday Christianity*, edited by Robert Banks and R. Paul Stevens, pp. 312-318. Downers Grove, Ill.: InterVasity Press, 1997.

_____. *The Other Six Days: Vocation, Work, and Ministry in Biblical Perspective*. Grand Rapids: Eerdmans, 2000.

_____, and Michael Green. *Living the Story: Biblical Spirituality for Everyday Christians*. Grand Rapids: Eerdmans, 2003.

_____, and Robert Banks. *Marketplace Ministry Handbook*. Vancouver, B.C.: Regent College Publishing, 2005.

Strauch, Alexander. *Leading With Love*. Colorado Springs: Lewis and Roth, 2006.

Tabalujan, Benny. *God on Monday: Reflection on Christiana @ Work*. Melbourne: Klesis Institute, 2005.

Teresa of Avila. *Interior Castle*. Translated by Allison Peers. New York: Doubleday, 1989.

Teresa, Mother. No Greater Love. Maryknoll, N.Y.: New World Library, 1997. 「이보다 더 큰 사랑은 없다」(바오로딸).

_____. *Total Surrender*. Ann Arbor, Mich.: Servant Publications, 1985.

Terkel, Studs. *Working*. New York: Pantheon Books. 1972.

Thomas, Gary L. "Choosing gentleness: A gentle spirit gives the world a taste of the presence of Jesus." *Discipleship Journal* 18, no. 6(Nov./Dec. 1998), pp. 43-48.

Thurston, Bonnie. *Fruit of the Spirit: Growth of the Heart.* Collegeville, Minn.: The Liturgical Press, 2000.

Trump, Donald J. "The Fifth Deadly Workplace Sin: Sloth." The Trump Blog. October 10, 2007.

_____. "The Fourth Deadly Workplace Sin: Greed." The Trump Blog. October 12, 2007.

Tuohy, Wendy. "Love in a corporate climate." The Age. ⟨http://www.theage.com.au/articles/2003/07/25/1059084206429.html⟩.

Underhill, Evelyn. *The Fruits of the Spirit.* Wilton, Conn.: Morehouse-Barlow Co., 1981.「성령의 열매」(누멘).

Ung, Alvin. "Passions and Purity: Seeking a Pure Heart through Ministry and Spirituality." *Crux* 41, no. 2(Summer 2005), pp. 3-32.

Van, kaam, Adrian. *Spirituality and the Gentle Life.* Dentville, N.J.: Dimension Books, 1974.

Vanier, Jean. *Community and Growth.* Translated by Jean Vanier. New York: Paulist Press, 1989.「공동체와 성장」(성바오로출판사).

Vest, Norvene. *Friend of the Soul: A Benedictine Spirituality of Work.* Cambridge, Mass.: Cowley Publications, 1997.

Volf, Miroslav. *Work in the Spirit: Toward a Theology of Work.* New York: Oxford University Press, 1991.

von Speyr, Adrienne. *The Discourses of Controversy: Meditations of John 6-12.* Translated by Brian McNeil. San Francisco: Ignatius, 1993.

Waldrop, M. Mitchell. "Dee Hock on Management: Dee Hock's management Principles, in his own words." *Fast Company* 5(October 1996), p. 79.

Ward, Benedicta, SLG, trans. *The Sayings of the Desert Fathers: The Alphabetical Collection.* London: Cistercian Publications, 1985.

Wesley, John. "The Use of Money." In *On Moral Business: Classical and Contemporary Resources for Ethics in Economic Life,* edited by Max L. Stackhouse, Dennis P. McCann, Shirley J. Roels, and Preston N. Williams, pp. 194-197. Grand Rapids: Eerdmans, 1995.

"Who me, unbalanced?: A 5-minute quiz that will reveal the truth." *The Office Journal* 3, no. 4(June & July 2006), p. 12.

Willard, Dallas. *Renovation of the Heart*. Colorado Springs: Navpress, 2002. 「마음의 혁신」(복있는사람).

Willimon, William H. *Sinning Like a Christian: A New Look at the Seven Deadly Sins*. Nashville: Abingdon Press, 2005.

Wilson, Rod. "Shabbat and Shalom." *The Regent World* 20, no. 2(Winter 2008), p. 1.

Winter, Bruce. *Seek the Welfare of the City: Christians as Benefactors and Citizens*. Grand Rapids: Eerdmans, 1994.

"Work-life balance." Wikipedea. 〈http://en.wikipedia.org/wiki/Work-life_balance〉.

Wright, Clive. *The Business of Virtue*. London: SPCK, 2004.

Wright, N. T. *The Challenge of Jesus: Rediscovering Who Jesus Was and Is*. Downer Grove, Ill.: InterVarsity Press, 1999.

Wyszyński, Stefan Cardinal. *All You Who Labor: Work and the Sanctification of Daily Life*. Manchester, N.H.: Sophia Institute Press, 1995.

Younger, K. Lawson, Jr. *Judges, Ruth*. The NIV Application Commentary. Grand Rapids: Zondervan, 2002.

인명 색인

Antonius of Egypt 154
Augustinus of Hippo 44, 73, 81

Baillie, John 216
Bakke, Dennis 40, 100
Barclay, William 99, 138, 160
Basilius of Caesarea 207
Benedict of Nusia 82
Bernard of Clairvaux 29, 32
Bing, Stanley 57, 58
Block, Peter 207
Buechner, Frederick 73, 159, 213
Buffet, Warren 28

Camus, Albert 14
Carter, Stephen L. 139
Casey, Michael 33
Cassian, John 60, 61, 64, 182
Clement of Alexandria 54
Congar, Yves 217

Dalla Costa, John 124

de Caussade, Jean-Pierre 194
de Sales, Francis 70, 84

Evagrius of Pontus 24, 37, 80

Fénelon, François 195, 196

Geenleaf, Robert 208
Gregory I 52
Gregory the Great 25

Hallowell, Edward 120
Harmless, William 82
Herman, Nicolas 171
Hieronymus 160
Hock, Dee 137

Kass, Leon 51
Kidner, Derek 66
Kierkegaard, Søren 88, 91, 182

Luther, Martin 45

Lewis, C. S. 217

Maimonides 107
Matthew the Poor 46
Mother Teresa 72, 182, 195

Nouwen, Henri 175, 207

Olsson, Karl 44
Origenes 161

Pascal, Blaise 89, 91
Perkins, William 153, 211
Peterson, Eugene 157, 203
Pierce, Gregory F. A. 15
Piper, John 45
Plummer 145
Pollay, Richard 38

Rohr, Richard 43
Ruskin, John 101

Sayers, Dorothy 75
Schein, Edgar 146
Schmemann, Alexander 37, 174
Seerveld, Calvin 213
Singh, Sadhu Sundar 170
Spidlik, Tomas 59
Syncletica, Amma 134

Teresa of Avila 213
Thatcher, Margaret 151
Thomas, Gary 134
Thomas Aquinas 106, 107
Trump, Donald 36, 65

Underhill, Evelyn 95, 97, 114, 152

Vanier, Jean 144
Venerable Bede 114

Wesley, John 40, 189
Willard, Dallas 117
Willimon, William 46
Wilson, Rod 202, 203
Wright, N. T. 219
Wyszyński, Cardinal 141, 152, 170, 228

성구 색인

창세기
1:29 *51*

출애굽기
20:17 *77*

민수기
12:3 *130*

신명기
6:11 *51*
8:10-12 *51*
11:15 *51*
14:22-26 *51*
17:15 *139*
17:15-20 *139*
17:16 *139*
17:17 *139, 140*
17:18-19 *140*
17:20 *140*

룻기
1:16-17 *196*
1:22-2:2 *196*
2:7 *196*
2:10-14 *196*
2:17 *196*
2:18 *196*
2:21 *196*
3:5-6 *196*
3:13 *196*
3:17 *196*
4:13-15 *196*

사무엘하
12 *58*

욥기
1:21 *152*
3 *29*

시편
10:2 *29*
23:5 *51*
24:3-4 *181*
27:4 *47*
37:7-9 *155*
41:7 *181*
51 *48*
51:12 *181*
73:7 *181*
73:13-14 *181*
85:10 *159*
118:1 *110*
119:8 *181*
119:28 *89*
121 *71*
138:6 *29*
140:12 *145*

잠언
6:6-11 *70*

13:4 *66*
14:30 *74*
16:5 *29*
21:25-26 *66*
25:15 *130*
25:28 *122*
27:4 *73*
29:9 *181*

전도서
5:10 *188*
6:3 *105*

이사야
40:11 *134*
42:3 *134*
57:20-21 *82*

예레미야
32:39 *182*

다니엘
4:1-37 *183*
5:11 *183*
6:4 *184*

마태복음
5:8 *181*
5:28 *43, 45*
6:11 *51*
6:19-21 *109*
6:33-34 *54, 55*
7:14 *126*
10:34 *158*
11:29 *131*

12:20 *131*
19:16-26 *187*
19:21 *187*
25:21 *217*
25:23 *100*
25:35 *51*
25:40 *102*
26:17-30 *51*
27:18 *74*

마가복음
6:45 *123*
9:50 *160*

누가복음
2:25 *152*
3:14 *187*
6:27-38 *206*
7:36-50 *135*
10:39 *198*
10:41-42 *200*
12:20-21 *108*
12:31 *109*
14:12-14 *206*
14:15-24 *51*
16 *109*
16:9 *109*
16:13 *188*
19:1-10 *135*
23:39-43 *135*
24:31 *51*

요한복음
2:13-18 *58*
5:17 *69*

5:19 *70, 181*
5:36 *181*
14:27 *159*
15:11 *100*

사도행전
10 *51*

로마서
1 *88, 175*
1:21 *89*
6:13 *96*
7:5 *23*
14:17 *100*

고린도전서
6:19 *95*
10:31 *54*
13 *115*
15:18 *166, 219*

갈라디아서
2:11-14 *58*
5:19-21 *24*
5:22 *26*
5:22-23 *95*

에베소서
4:15 *58*
4:15-16 *124*
4:26 *59*
4:26-27 *59*
4:29 *59*
4:31 *96*

4:32 *146*

빌립보서
2:6 *29*
4:5 *130*
4:6 *162*
4:6-7 *197*
4:6-9 *161*
4:7 *162*
4:8 *96*

골로새서
1:3 *169*
1:9-12 *169*
1:10 *169*
1:11 *169*
1:12 *169, 170*
1:29 *125, 169*
3:2 *216*
3:3 *169*
3:4 *169*
3:12 *130*
3:23 *169, 170*
4:1 *187*
4:12 *169*

데살로니가전서
1:3 *166*
2:7 *135*
5:17-18 *167*

디모데전서
6:11 *135*

디모데후서
2:24-25 *135*
3:10 *152*

디도서
2:10 *138*
3:1-2 *133*

히브리서
6:15 *152*
12:1 *152*

야고보서
1:20 *59*
2:8 *78*
3:16 *73*
4:6 *29*
5:10 *152*

베드로전서
2:23 *134*
3:8-9 *135*
3:15 *133, 135*
5:7 *162*

베드로후서
1:5 *96*
1:5-6 *122*

요한일서
2:16 *43*

요한계시록
1:9 *152*
19:7 *51*

21:1 *217*
21:5 *220*

옮긴이 김은홍은 사회학을 전공하고 기독 언론인으로 10년 넘게 일했다. "크리스채너티 투데이" 한국판 창간 편집장을 끝으로, 그리스도인들로만 이루어진 일터를 벗어나 '기독교'가 붙지 않은 곳에서 일터의 영성을 담금질하고 있다. 「교회와 문화, 그 위태로운 관계」, 「어메이징 그레이스」(이상 국제제자훈련원), 「크리스천이 다루기 힘들어 하는 20가지 뜨거운 감자」(작은행복) 등을 우리말로 옮겼다.

일삶구원

초판 발행_ 2011년 12월 5일
초판 7쇄_ 2024년 4월 15일

지은이_ 폴 스티븐스·앨빈 웅
옮긴이_ 김은홍
펴낸이_ 정모세

펴낸곳_ 한국기독학생회출판부
등록번호_ 제2001-000198호(1978.6.1)
주소_ 04031 서울시 마포구 동교로 156-10
대표 전화_ (02)337-2257 팩스_ (02)337-2258
영업 전화_ (02)338-2282 팩스_ 080-915-1515
홈페이지_ http://www.ivp.co.kr 이메일_ ivp@ivp.co.kr
ISBN 978-89-328-1250-2

ⓒ 한국기독학생회출판부 2009

책값은 뒤표지에 있습니다.
무단 전재와 복제를 금합니다.